왕양명의 『전습록』 읽기

세창명저산책_023

왕양명의 『전습록』 읽기

초판 1쇄 인쇄 2014년 8월 10일
초판 1쇄 발행 2014년 8월 15일

—

지은이 김세정
펴낸이 이방원
기획위원 원당희
편집 소환열·김명희·인효희 강윤경
디자인 손경화·박선옥
마케팅 최성수

—

펴낸곳 세창미디어

출판신고 2013년 1월 4일 제312-2013-000002호

주소 120-050 서울시 서대문구 경기대로 88 냉천빌딩 4층

전화 02-723-8660

팩스 02-720-4579

이메일 sc1992@empal.com

홈페이지 http://www.sechangpub.co.kr/

—

ISBN 978-89-5586-209-6 03150

이 도서의 국립중앙도서관 출판시도서목록(CIP)은 서지정보유통지원시스템 홈페이지(http://seoji.nl.go.kr)와
국가자료공동목록시스템(http://www.nl.go.kr/kolisnet)에서 이용하실 수 있습니다.
CIP제어번호: CIP2014023341

세창명저산책_023

왕양명의 『전습록』 읽기

김세정 지음

세창미디어

머리말

20여 년 전 부친의 저서 『상산학과 양명학』(고故 김길락 저, 예문서원, 1995)을 편집하면서 처음 접했던 『전습록』, 대학원을 다니며 수차례에 걸쳐 동학들과 강독했던 기억들이 새롭다. 충남대에 와서 첫 대학원 수업의 교재 또한 『전습록』이었다. 그리고 10년이 지난 지금 제자들과 다시 『전습록』을 읽고 있다.

『전습록』을 처음 읽었을 때 나는 나 자신과 나의 삶에 대해 되돌아보게 되었다. 다시 읽었을 땐 우리 사회를 되돌아보게 되었고, 그다음엔 자연을 되돌아보게 되었다. 왜 『전습록』을 읽을 때마다 그 맛과 깊이와 넓이가 달라지는 것일까? 물론 세월의 흐름에 따라 나 자신이 변화했기 때문이기도 하다. 하지만 그 무엇보다 『전습록』에 담겨진 왕양명의 고뇌와 역경, 그리고 여기서 잉태된 그 사상의 다양성과 심오함에 그 원인이 있으리라.

장편소설의 주인공(위앤런총袁仁琮이 저술한 『장편역사소설 왕양명』이란 책이 중국 사천출판사에서 출판되었다)이자 드라마 주인공(중국에서 『철학의 계보 왕양명』이란 주제로 총 38부작을 제작 방송하였다)이기도 한 왕양명! 물론 그는 우리가 알고 있듯 철학자이자 교육자이다. 하지만 역사소설과 드라마의 주인공으로 자리할 만큼, 그는 요동치는 역사의 한복판을 살다간 장수이자 정치가이기도 하였다. 그는 평생 골방에 앉아 글만 읽고 쓰던 샌님도 아니요, 그렇다고 힘만 자랑하며 철없이 날뛰던 무사도 아니었다. 왕양명은 문무를 겸비한 철학자이자 교육자이며 정치가요 장수였다. 그는 인민과 통치자, 통치자 내부 그리고 민족 모순과 투쟁이 격렬했던 중국 명대 중기에 태어나 입신양명立身揚名의 출세를 위해서가 아닌 진정한 인간, 즉 '성인聖人'이 되기 위해 고전분투한 유학자이다. 더불어 자신의 역동적 '심학心學 사상'을 실현하기 위하여 삶과 죽음을 넘나드는 역경과 고난도 마다치 않은 주체적이고 역동적인 삶을 살다간 호걸이다.

　이러한 왕양명의 역동적이고 주체적이며 실천적인 삶과 그 삶에서 잉태하고 성장한 사상의 자취가 고스란히 담겨

져 있는 책이 바로 『전습록』이다. 『전습록』은 제자들과의 대화와 편지글로 이루어져 있기에, 왕양명의 숨결이 더 생생하고 가깝게 느껴진다. 『전습록』에는 왕양명의 대표적인 3대 학설인 '심즉리설心卽理說', '지행합일설知行合一說', '치양지설致良知說'은 물론 '격물설格物說', '친민설親民說', '천지만물일체설天地萬物一體說' 등 다양한 학설과 이론들이 실려 있다.

본서에서는 독자들의 이해와 편의를 돕기 위해 먼저 왕양명의 생애와 『전습록』의 형성과 구성에 대해 살펴보고, 『전습록』의 내용을 '우주론', '인간론', '수양론', '경세론'으로 나누어 재구성해 보았다. 3장 우주론에서는 천지만물일체설을, 4장~6장 인간론에서는 심즉리설과 양지론을, 7장~10장 수양론에서는 지행합일설과 치양지설을 다루었다. 그리고 11장과 12장 경세론에서는 정치론과 교육론을 다루었다.

무한경쟁과 적자생존의 신자유주의가 지배하는 현대사회는 수많은 갈등과 불신과 경쟁이 산재해 있고 잠재해 있다. 한국사회는 내부적으로는 세대 간의 갈등, 빈부 간의 갈등, 노사 간의 갈등, 계층 간의 갈등, 보수와 진보의 갈등,

외부적으로 남북 간의 갈등, 일본과의 독도와 과거사로 인한 갈등, 중국과의 서해상에서의 자국의 이익을 둘러싼 다양한 갈등이 산재해 있다. 그리고 우리는 인간의 생존과 번영을 위해 자연과도 갈등하고 있다. 이러한 수많은 갈등을 어떻게 해소할 것인가? 그리고 가족 구성원 사이에, 이웃 간에, 계층 간에, 국가 간에, 자연과 어떻게 화해하고 소통하며 공생할 것인가? 우리 자신들이 직면한 이러한 물음과 과제들을 풀어나가는 데 있어서 왕양명의 『전습록』이 조금이나마 도움이 될 수 있기를 바라면서 이 책을 세상에 내놓는다.

2014년 8월
동양서재東陽書齋에서
김세정金世貞

| 차 례 |

1장
왕양명의 삶과 사상

1. 성인聖人을 꿈꾸던 소년 시절

　명明나라는 15세기 초 번영의 극치에 이르러 강력한 중앙
집권 정부를 발전시키고 해상으로의 원정을 성공적으로 추
진하였다. 그리고 송宋나라 때의 유학을 종합적으로 체계
화하고 전제적인 검열 아래 몇 가지 백과사전적 편집물들
을 간행하였다. 그러나 양명이 태어날 당시 명나라는 내우
외환에 처해 있었다. 안으로는 환관宦官에 의한 부패 정치와
공포 정치가 횡행하고 각지에서 도적들이 봉기하였다. 밖
으로는 오이라트와 타타르, 묘족 등의 침입에 대항하기 위

해 해상으로의 진출 노력을 중단한 채 북방 경계의 방어에 집중하는 쇄국 정책을 유지하였다. 학술·사상 면에서는 남송南宋 이후 관학官學으로서 지배적 지위를 차지한 주자학을 바탕으로 엄격한 과거제도를 시행하였다. 그리고 명나라 초기에 편찬된 『사서대전四書大全』과 『오경대전五經大全』의 범위 안에서만 과거 시험 문제를 출제함은 물론 사상의 표현 형식을 엄격하게 규제하였다. 이로 인해 많은 지식인들 가운데 일부는 과거시험에 참여를 거부하고 은둔 생활을 통해 도덕적 심성 함양과 학문 연마에 일생을 바쳤다. 또 다른 일부의 지식인들은 자기의 수양은 돌보지 않은 채 훈고訓詁·사장詞章에만 빠져 공허한 지식을 가지고 겉만을 꾸미거나 주자의 말씀만을 더욱 교조화하여 수용하는 경향이 지배적이었다.

이러한 내우외환과 학문적 교조화의 분위기 속에서 양명은 1472년 9월 30일 밤 절강성 소흥부 여요현 서운루瑞雲樓에서 걸출한 문인 가문의 장남으로 태어났다. 양명의 본래 이름은 '구름'이란 뜻의 '운雲'이었으나 다섯 살 때 '어짊을 지킨다'는 '수인守仁'으로 개명하였다. 본명 이외에 성년 이후 붙인 이름은 '백안伯安'이다. 훗날 회계산 기슭의 양명동陽明洞에 석굴을 만들고 살았기 때문에 사람들이 '양명선생陽明先生'이라 불렀으며, 이것이 그의 유명한 호가 되었다. 죽은 뒤에 높여서 부른 이름諡號은 '문성文成'이다. 1528년 11월 19일 강서성 남안의 청용포에서 향년 57세의 나이로 객사하였다.

양명의 아버지 왕화王華(1446~1522, 호는 龍山公)는 1481년 과거에 장원으로 합격하여 남경의 이부상서吏部尙書를 지냈다. 어머니 정씨鄭氏는 1471년 왕화와 결혼하여 양명을 낳았지만, 양명의 나의 13세가 되던 해 49세의 나이로 세상을 떠났다. 양명은 12세가 되던 해(1483) 경사에서 학교를 다니며 공부를 시작했다. 이때 양명은 전쟁놀이를 좋아했다. 어느 날 아이들과 전쟁놀이를 하고 있을 무렵 마침 관상가가 양명의 용모를 보고 놀라서 "뒷날 크게 깨달아 성인의 경지에 들어갈 상을 가지고 있다"고 말했다. 양명은 이 말을 듣고 감동하여 그때부터 독서에 힘쓰고, 또 정좌하여 마음을 집중시키는 데에 힘썼다. 어느 날 양명은 글방 선생님과 다음과 같이 문답하였다.

(양명) 무엇이 천하에서 가장 중요한 일입니까?

(선생) 오직 독서하여 과거에 급제하는 일이다.

(양명) 과거에 급제하는 일은 천하에서 제일 중요한 일은 아닌 것 같습니다. 독서하여 성현聖賢이 되는 것을 배울 뿐입니다.

부친 왕화가 이 말을 듣고 웃으면서 "너도 성현이 되고자 하는구나!"라고 하였다. 양명은 이미 어린 시절부터 과거급제를 통한 입신양명의 출세가 아닌 유가의 진정한 인간인 '성인'이 되고자 하는 데 자신의 삶의 목표를 두었던 것이다.

천성이 다재다능한 성품을 지닌 양명은 종교와 철학은 물론 독서, 시, 말타기, 활쏘기, 병법 등 모든 분야에 관심을 보였다. 양명은 1488년 17세 때 강서성 남창에서 포정사布政司 참의參議인 제양화諸養和의 딸과 혼인하였다. 양명은 혼례 당일 집을 나섰다가 우연히 근처 산중의 철주궁이라는 도교 사원에 들렀다. 거기서 양명은 일양一楊이라는 도사를 만나 양생養生의 도를 묻고 그와 함께 가부좌하며 선가仙家 공부에 열중하였다. 양명의 장인이 사람을 풀어 그를 찾았지만 다음 날 아침이 되어서야 찾아서 돌아올 수 있었다고 한다. 이 일화는 양명이 어려서부터 어떠한 틀에도 구속받지 않는 자유로운 정신과 진지한 성격을 지니고 있었다는 것을 보여준다. 다음 해(1489) 12월 양명은 남창에서 부인 제씨와 함께 배로 고향 여요로 돌아오는 도중 강서성 광신에 들러 주자학자 루량累諒(1422~1491, 호 一齊)을 만나게 된다. 루량은 양명에게 송나라 유학자들의 격물학格物學에 대해 이야기하면서 "성인은 반드시 배워서 이를 수 있는 것이다"라고 알려 주었다. 이에 양명은 이 말을 마음속 깊이 새겨두고 성인의 학문을 흠모하고 여러 경서經書와 자사子史(제자諸子의 글과 역사책)의 공부에 힘을 쏟았다.

양명은 소년 시절 총명과 예지를 발산하여 성인이 되기를 희망하였다. 때로는 영웅호걸의 행적을 흠모하여 천하를 경영하고 다스리고자 하는 뜻을 갖기도 하였다. 때로는 속세를 떠나 양생을 배우려고도 하였다. 그러나 마침내 한 유학자와의 만남을 통해 성인의 학문에 뜻을 두게 되었다. 결국 양명이 소년 시절부터 희구하였던 것은 단지 현학적 지식의 습득이나 과거를 통해 관료가 되는 입신출세가 아니라 스스로 성인의 학문을 통해 '성인'이 되는 데 있었던 것이다. 이러한 삶의 목표는 양명이 이후 향외적·주지주의적·관념적·사변적 사상이 아닌 향내적·역동적·실천적·주체적·창조적인 심학 사상을 수립할 수 있는 바탕이 된다.

2. 성인을 향한 방황과 좌절

어려서부터 성인이 되고자 하는 뜻을 품었던 양명은 20대에 접어들면서 주자학과 불교와 도교를 본격적으로 탐구·연마하는 등 성인이 되기 위한 본격적인 학문연마의 단계에 들어선다. 양명은 21세 때(1492) 절강성 향시鄉試에 급제하고 송나라 유학자들의 격물설을 연구하기 시작하였다. 어느 날 하루는 "모든 사물마다 반드시 겉과 속, 정밀함과 거칢이 있으며, 한 포기의 풀과 한 그루의 나무도 모두 지극한 이치를 지니고 있다"는 주희朱熹(1130~1200, 호는 晦庵)의 말을 깊게 생각하였다. 그리고 주희의 "대상 사물에 나아가 그 안에 내재된 이치를 궁구한다即物而窮其理"는 격물궁리格物窮理를 몸소 실천해 보고자 집 앞뜰에 있는 대나무를 마주하고 앉아서 대나무의 이치를 궁구하는 격죽格竹을 시도하였다. 그러나 7일 밤낮 동안 지속하다가 끝내 이치를 얻지 못하고 병을 얻고 말았다. 이에 양명은 주자학에 회의를 품고 "성현이 되는 것은 분수가 따로 있다"고 선언하면서 세속을 따라 사장詞章의 학문에 힘을 쏟는다.

그러던 중 27세(1498)에 이르러 양명은 사장과 예능으로는 지극한 도리에 이르기가 불가능하다고 생각하고 다시 스승과 벗을 구하였으나 만나지 못하고 곤혹스러움에 빠졌다. 어느 날 주희가 송나라 광종光宗에게 올린 글을 읽던 중 "경敬의 상태에서 뜻을 지키는 것이 독서의 근본이요, 차례에 따라 정미함에 이르는 것이 독서의 방법이다"라는 구절을 읽고, 지난날 비록 넓게는 탐구했으나 격물의 차서에 따르지 않아 아무런 소득이 없었음을 후회하면서 다시 주희의 학설에 따라 궁리 공부를 하였다. 그러나 이번에도 양명은 주희의 학설이 사물의 이치와 나의 마음을 끝내 쪼개어 둘로 만드는 문제를 안고 있다는 사실을 깨닫게 된다. 양명은 오랫동안 침울해 있다가 "성현이 되는 것은 분수가 따로 있다"는 옛날의 생각이 재발한다. 이런 와중에 우연히 도사가 양생을 말하는 것을 듣고 마침내 세상을 등지고 입산할 뜻을 갖게 된다.

양명은 28세 때 회시에 급제하여 관정공부觀政工部에 배속받고 분묘의 축조를 감독하였다. 29세 때에는 형부의 운남청리사주사雲南淸吏司主事를 제수받았다. 30세 때는 새로운 임지인 강소성 강북에 부임하여 사형수의 판결을 재심하라는 어명을 받들어 사건을 다시 조사하여 억울하게 죄받은 사람들을 감형시키거나 누명을 벗겨주는 일에 종사하였다. 31세가 되던 해(1502) 5월 양명은 어명을 받았으나 병가를 내고 경사를 떠나 고향 땅 월越로 돌아와 양명동에 집을 짓고 도교에서 행하는 호흡법인 도인술導引術을 닦았다. 양명은 오래지 않아 앞일을 내다볼 수 있는 경지에 이르렀다. 하루는 친구들이 그를 예기치 않고 방문했을 때, 이를 미리 알아차리고 친구들이 지나온 여정의 주변상황까지 알아맞혔다고 한다. 그러나 얼마 뒤 "이러한 것은 단지 정신을 가지고 노는 장난일 뿐 진정한 도가 아니다"라고 생각하고 그

만두었다.

다음 해 32세 때에는 양명동을 떠나 아름다운 전당錢塘 서호西湖에서 병을 치료하였다. 어느 날 사묘寺廟를 요람하던 중 양명은 한 선승이 3년 동안 문을 닫고 앉아 말도 하지 않고 눈도 뜨지 않았다는 소문을 들었다. 양명은 그 선승을 찾아가 큰 소리로 "이 화상아! 하루 종일 무슨 소리를 그렇게 중얼거리며, 눈을 크게 뜨고 무엇을 바라보고 있는 것인가?"라고 하였다. 선승은 놀라 일어나 눈을 뜨고 말았다. 양명이 그의 집안에 관해 물으니, 승은 어머니가 계시다고 답변하였다. 양명은 "어머니를 보고 싶은 생각이 일어나지 않느냐?"고 물어 보니, 승은 어머니에 대한 생각이 일어나지 않을 수 없다고 답변하였다. 양명은 곧 그에게 부모를 사랑하는 마음은 본성에서 나온 것인데 사람이 어떻게 눈을 감고 입을 닫아 부모에 대한 정을 막을 수가 있느냐고 타일렀다. 이 말에 선승은 감동하여 눈물을 흘리면서 다음 날 집으로 돌아갔다고 한다.

양명의 주자학과 사장학은 물론 불교와 도교에 대한 섭렵 과정은 단지 지적 욕구에서 비롯된 다양한 지식의 추구가 아니라 그 자신이 희구하고 갈망하는 성인이 되기 위한 하나의 방편으로 선택하였던 것이다. 이러한 유가와 불교 및 도교에 대한 섭렵 과정은 이후 양명이 교조주의나 독단 주의에 빠지지 아니하고 유·불·도 세 학파의 사상을 회통 하면서 '주체적이고 역동적이며 창조적인 마음'에 대한 자 각과 '천지만물과의 일체성' 및 '인간의 평등성'을 중시하는 독창적인 심학 사상을 수립함에 있어 그 밑거름으로 작용 하게 된다.

3. 용장 유배 – 심즉리와 지행합일을 설하다

건강이 회복된 양명은 33세 되는 해(1504) 9월 병부의 무 선청리사주사武選淸吏司主事로 발탁 기용되고, 34세 때 경사로 다시 귀임한다. 이 당시 학자들은 신심身心의 학문이 있음을 알지 못하고 성현의 글귀만을 암송하는 사장詞章과 기송記誦 의 습관에만 빠져 있었다. 이에 양명은 '심신의 학문'을 제 창하면서 사람들에게 "먼저 반드시 성인이 되고자 하는 뜻 을 세우라"고 강조하였다. 양명은 이때 담약수湛若水(1466~

1560, 호는 甘泉)를 만나 교우를 맺고 함께 성학聖學을 세상에
드러내어 밝혔다.

양명의 나이 35세 때 새로 즉위한 무종武宗에게 남경의 감
찰어사監察御史 대선戴銑과 박언휘朴彦徽가 글을 올려 수년간 권
력을 맘대로 휘두르던 환관 유근劉瑾에 대해 간언을 하였다.
그러나 이들은 천자의 뜻을 거역했다는 이유로 옥에 갇히
게 된다. 이에 양명은 두 사람의 석방을 탄원하는 상소를
올려 이들을 구하려 하였다. 그러나 양명은 오히려 투옥당
하여 의식을 잃을 때까지 장형杖刑을 맞았다. 얼마 후 변경
지역인 귀주에 있는 용장역이라는 관리들이 머물러 가는
여인숙의 일을 돕는 역승驛丞으로 강등 유배당하였다.

다음 해(1507, 양명 36세) 여름 양명은 귀양길에 올랐다. 유
근은 여러 차례 자객을 보내 양명을 해치려 하였으나, 양명
은 위기를 모면하고 이리저리 피해 다니다가 37세 되던 해
봄에야 용장에 도착하였다. 양명이 도착한 용장은 산들이
겹겹이 둘러 있는 변방의 땅으로 지금의 귀주성 수문현 경
내에 속한다. 당시 이곳은 벌레와 뱀이 우글거리고 풍토병
이 만연한 곳으로, 주민은 굴속에 사는 묘족 아니면 유배되

어 도망 온 한족뿐이었다. 양명은 이때 속세의 득실과 영욕을 모두 초탈하였다. 양명의 가슴속에는 생사 일념만이 남아 있었다. 이에 돌로 관을 하나 만들어 놓고 "나는 오직 운명을 기다릴 뿐이다"라고 맹세하면서, 밤낮으로 항상 말없이 조용히 앉아 마음을 깨끗이 하고 고요함만을 추구하였다.

양명을 따르는 시종들은 모두 열악한 주변 환경 때문에 병으로 쓰러져버렸다. 양명은 그들을 위해 스스로 땔나무를 하고 물을 길어다가 죽을 지어주며 정성껏 보살펴 주었다. 양명은 이때 만약 성인이 이런 경우에 처하였다면 어떠한 도가 있었을까 생각하다가 밤중에 홀연히 격물치지格物致知의 본뜻을 크게 깨닫고 "비로소 성인의 도는 나의 본성으로 스스로 충족하니, 지난날 대상사물에서 이치를 구한 것은 잘못이었다는 것을 알았다始知聖人之道, 吾性自足, 向之求理於事物者誤也"고 선언하게 된다. 인간 누구나 성인이 될 수 있는 바탕은 마음 밖에 존재하는 것이 아니라 자신의 마음에 있다고 하는 '심즉리설心卽理說'에 대한 깨달음이다.

양명은 용장에서의 깨달음과 더불어 "이전에 기억하고

있던 오경의 말로 인증해 보니 나의 마음에 들어맞지 않는 것이 없다"고 하여, 「오경억설五經臆說」을 저술한다. 한편 용장에서 생활하면서 양명은 그곳의 원주민들과 친숙해지면서 그들의 말을 배우고 그들에게 집 짓는 방법과 학문을 가르쳐주었다. 그리고 용강서원龍岡書院을 비롯하여 인빈당寅賓堂, 백루헌白陋軒, 군자정君子亭, 완역와玩易窩 등을 신축하고 강설과 교화를 도모하였다.

용장에서의 '격물格物'에 대한 양명의 깨달음은 '성즉리설性卽理說'에 근거한 주희 격물설에 대한 반론이자 양명 자신이 독창적인 심학 사상을 수립하는 출발점이다. '대상 사물에 나아가 이치를 궁구한다'는 주희의 격물설은 심리心理 이원에 근거하여 이理에 대한 마음의 종속성과 향외적, 주지주의적, 사변적 성격이 강하다. 반면 양명은 격물을 '마음을 바르게 하는 것正心'으로 해석한다. 사욕에 의해 가려진 부정한 마음을 바로잡아 지선至善한 본심을 회복하고 선을 행하는 위선거악爲善去惡이 바로 격물이라는 것이다. 새로운 격물설은 그의 '심즉리설'에 근거한다.

성性만을 이理로 보고 마음을 인식 주체로 보는 주희의 입

장과 달리 양명은 "마음이 곧 이理이다"라고 하고 "마음이
곧 성이며, 성이 곧 이理"라 하여, 마음과 이理와 성을 한 가
지로 보고 있다. 양명은 '대상 사물에 있는 것이 이理가 된
다在物爲理'는 정이程頤(1033~1107, 호는 伊川)의 주장에 반론을
제기하여 "이 마음이 물에 있은 즉 이理가 된다. 예컨대 마
음이 어버이 섬기는 데 있으면 효가 된다此心在物則爲理. 如此心在
事父則爲孝"고 주장한다. 또한 "이理란 마음의 조리條理이다. 이
이理가 부모에게 발휘되면 효가 된다"고 주장한다. 양명에
게 있어 효와 같은 이理는 주자학에서와 같이 인간 마음 밖
에 존재하는 불변하는 선험적인 당위의 도덕규범을 의미하
는 것이 아니라 어버이와 같은 대상과 감응하는 과정에서
상황에 부합되도록 마음으로부터 항상 새롭게 '창출되는
실천 조리'를 의미하는바, '마음이 곧 이理'가 되는 일원의
계기를 갖는다. 이러한 의미에서 '이理는 내 마음 바깥에 존
재하지 않는다心外無理'고 말할 수 있다. 격물은 이러한 본심
을 가로막는 사욕을 제거하고 본심의 회복을 통해 선을 실
천하는 일의 다름 아니다.

용장에서의 깨달음 이후에도 양명은 그곳에 머물면서

38세 때(1509)에는 자신의 2번째 독창적 학설인 '지행합일知行合一'을 논한다. 귀양의 제학부사提學副使 석서席書에게 양명이 지행본체를 들어 오경五經 등을 증명해 보여주자, 석서는 점차 깨닫게 되었다. 석서는 귀양서원貴陽書院을 수리하고 귀양의 학생들을 이끌고 양명에게 스승으로 모시는 예를 올렸다.

양명의 지행합일설은 심리心理 일원적 체계에 바탕하고 있으며, 이는 '먼저 알고 나서 실천한다'고 하는 주희의 선지후행설先知後行說에 대한 반론이다. 양명의 앎知은 "의意의 영명靈明한 것" 또는 "몸을 주재하는 마음이 발동한 의意의 명각明覺"으로 정의되고, 실천行은 "의가 섭착涉着한 것" 또는 "명각의 감응"으로 정의된다. 예컨대 어린아이가 우물에 빠지려는 상황을 목격하게 되었을 때 깜짝 놀라 측은해하는 마음의 자각과 어린아이를 구하고자 하는 의지의 발동이 바로 마음의 선험적인 영명한 앎을 의미한다. 그리고 마음으로부터 발동한 의지가 몸을 통해 직접적으로 어린아이를 구하는 행위로 드러나는 것이 바로 행을 의미한다. 불쌍히 여기는 마음의 자각과 어린아이를 구하고자 하는 의지의 발동 그리고 어린아이를 구하는 실천 행위는 인간의 마음과 천지만물 사이에 간격 없이 이루어지는 일련의 감응 과정이다. 이에 양명은 "앎은 실천의 주된 의지이며, 실천은 앎의 공부이다. 앎은 실천의 시작이며, 실천은 앎의 성취이다"라고 주장한다. 실천 행위를 이끌어내는 실천 의지로서의 앎이 직접적으로 실천 행위의 시작이라면 실제적인 실천 행위를 통해서만 마음의 자각과 의지의 발동으로서의 앎이 비로소 성취되는 것이다. 사사로운 욕망을 제거하여 본심을 회복함으로써 마주한 사태의 시비를 자각적으로 판단하고 천지만물의 생명을 온전하게 유지시키기 위한 의지의 발동도 중요하지만, 앎은 결국 실제적인 실천 행위를 통해서만 참된 앎으로 완성될 수 있다.

양명은 이러한 심즉리설과 지행합일설을 통해 비로소 20대 때의 주희 격물설에 대한 회의로부터 벗어나 자신의 독창적 학설을 수립하게 된다. 양명의 심즉리설과 지행합일설은 외재적 규범에 대한 종속으로부터 인간을 해방시켜주며, 실천 조리와 실천 행위를 창출하는 주체적이고 역동적이며 창조적인 인간상은 물론 실천적이고 역동적인 인간상을 정립한다.

4. 정좌에서 성찰극치로

1510년 양명이 39세가 되던 해 양명을 박해하던 유근이
죽자 양명은 유배에서 풀려 여능현 지현知縣으로 승진된다.
용장을 떠나 여능현으로 가는 길에 배우려는 자들이 많이
따랐다. 양명은 이들에게 "후회스럽게도 옛날 귀양에서 지
행합일의 가르침을 제시하였을 때 모두들 이견만 분분할
뿐 어디에서부터 시작해야 할지를 몰랐다. 근래에 여러 학
생들과 절에서 정좌를 하고 스스로 성체性體를 깨닫도록 하
였는데, 이 방법이 효과가 있는 듯하다"고 하여, 정적靜的인
정좌 공부를 권하였다.

3월 여능현에 도착한 양명은 위엄과 형벌로써 정사를 일
삼지 아니하고 오직 사람들의 마음을 개도하는 것을 근본
으로 삼고 백성들을 위무하고 도적을 방어하는 데 충실하
였다. 12월에 남경 형부의 사천청리사주사四川淸吏司主事(남경의
형법 소송을 관장하는 주임)로 승진한 양명은 황관黃綰과 응량應良

에게 "성인의 마음은 밝은 거울과 같아서 약간의 가림도 용납하지 아니하며 열심히 갈고 닦는다. … 이 경지에 이르면 이미 인체仁體를 터득한 것이다"라고 하였다. 그리고 "학자들이 단지 쉬운 것만을 좋아하고 어려운 것을 싫어하는 까닭으로 말미암아 불교의 선학禪學으로 흐를까 걱정이 된다"고 하였다. 양명은 자신이 말하는 정좌 공부는 세상을 등지고 깨달음을 통해 부처가 되고자 하는 불교의 선학과는 다르다는 것을 피력한 것이다. 양명의 정좌는 세상 한가운데서 마음을 갈고 닦아서 사사로운 의념과 습기를 완전히 제거하고 마음의 선천적인 '인체仁體'를 회복하는 공부이다.

양명은 41세가 되던 1512년 12월 남경 태복사소경太僕寺少卿(병부의 요구에 응하는 관청의 차관격)으로 승진하여 부임하는 길에 서애徐愛(1488~1518, 자는 曰仁)와 함께 배 위에서 『대학』의 종지를 논하였다. 서애가 이를 듣고 통쾌하게 생각하여 『전습록』 첫째 권에 기록하였다. 42세 되던 해 2월 월越에 도착한 양명은 제자들과 이곳저곳을 돌아다니며 학문을 강의하였다.

다음 해 5월 남경에 도착한 양명은 높은 경지만을 추구하고 자신의 가르침을 어기는 제자들이 있다는 말을 듣고 다음과 같이 말했다.

내가 근래에 말세 풍속의 천박함을 징계하려고 학자들에게 고명일로高明一路(下學而上達과 같이 한 걸음 한 걸음 점진적으로 추진하는 것이 아니라 처음부터 높은 경지에서 출발하는 것)에서 시대의 폐단을 척결하도록 하였다. 그러나 지금 학자들을 보니 점차 공허한 데로 빠져들고 신기한 논의나 일삼으니, 나는 이미 그것을 후회한다. 그러므로 남기南畿에 있을 때 학문을 논하면서 학자들로 하여금 '천리를 보존하고 인욕을 제거하여存天理·去人欲' 오로지 성찰省察하고 극치克治하는 실제적인 노력을 다하도록 가르쳤다.

고요함만을 추구하고 움직임을 싫어하며 깨달음에만 관심을 갖는 폐단을 시정하기 위해 제자들에게 정좌 대신에 천리를 보존하고 인욕을 제거하는 성찰극치의 실제적인 공부를 하도록 한 것이다. 비록 치양지致良知로까지는 나아가지 못했지만 정적인 정좌로부터 역동적인 치양지를 향해

한 발 다가서고 있음을 알 수 있다.

5. 백성의 고통을 어루만지고 보살피다

양명은 45세(1516)부터는 강서와 복건 등지에서 응거한 비적의 무리들을 토벌하고 명나라에 반기를 든 영왕寧王 주신호朱宸濠를 평정하는 등 군사·정치적으로 뛰어난 업적들을 이룩하였다. 양명은 46세 정월에 감주로 가면서 만안 지역을 지날 때 도적 수백과 만나게 된다. 상선商船이 감히 전진을 못하자 양명은 상선을 모아 대형을 갖추고 기를 날리면서 북을 치고 진격의 태세를 보였다. 그러자 도적들이 모두 놀라며 언덕에 올라가서 "먹을 것이 없어 굶주린 유민이니 구제해 주기를 바랍니다"라고 하였다. 양명은 배를 언덕에 정박하게 하고 군관을 보내 이들에게 유민 구제를 약속하고 타일러 도적들을 해산시켰다. 양명은 남주와 감주에 도착하여 도적을 근절하고 백성을 편안하게 한다는 취지 아래 '십가패법十家牌法'을 시행하고, 또한 민병을 뽑아 병부를 두는 '민병제民兵制'를 만들었다. 양명은 십가패법과 더불어 백성의 도덕적 교화를 제도적, 집단적 노력에 의해 성취코자 하였다. 9월에는 남주와 감주 및 정주와 장주 지방의 군사적 업무를 감독하는 무관의 최고 지위인 제독提督직에 임명되었다. 이때 장주의 도적들이 비록 평정되었으나, 낙창과 용천의 도적 소굴에는 오히려 많이 모여들었다. 양명은 군대를 이용하여 그들을 소탕하기 전에 먼저 고기와 술 그리고 은銀과 베布로써 그들을 달래고 다시 그들에게 깨우치기 위해 다음과 같이 말하였다.

너희들은 오랫동안 악독에 물들어서 잔인하게 살인하고 시기하고 의심하는 마음이 강하다. 그러하니 우리 훌륭한 사람의 마음으로는 이유 없이 차마 한 마리의 닭이나 개조차도 죽이지 못하거늘 하물며 하늘과 통하는 인명에 대해서는 더더욱 그렇게 할 수 없다는 것을 너희들이 어찌 알겠는가? 만일 가볍게 살해한다면, 스스로 알지 못하는 어둑어둑한 사이에 가운데 단연코 보복이 돌아올 것이며, 재앙이 자손에게 미칠 것이거늘, 어찌 고통스럽게 이와 같이 하는가? 나는 항상 너희들에 대한 생각이 여기에 이르면, 문득 밤새도록 편안히 잠을 잘 수가 없으며, 또한 너희들이 하나의 삶의 길을 찾기를 바라지 않는 적이 없다. 오직 너희들이 어리석고 고집스러워서 변화하지 않기 때문에, 부득이하게 군대를 일으키니, 이는 내가 너희들을 죽이는 것이 아니라 하늘이 너희들을 죽이는 것이다. 이제 나는 살인하고자 하는 마음이 전혀 없다고 말한다면, 또한 이는 기만일 뿐이다. 만일 반드시 죽이고자 할 뿐이라고 말한다면, 또한 나의 본심이 아니다. 너희들이 지금은 비록 악을 따르지만, 그 처음에는 조정의 어린아이와 같았다. 비유컨대 한 부모가 10명의 자식을 낳았는데, 8명은 착하고 2명은 은혜를 저버리고 배반하여 8명을 해치고자 한다면, 부모의 마음은 반드시 그 2명을 제거한 연후에 8명이 편안하게 살 수 있도록 할 것이다. 자식은 모두 똑같거늘 부모의 마음이 무슨 까닭으로 2명의 자식을 반드시 죽이고자 하겠는가? 할 수 없어서 그렇게 하는 것이다. 내가 너희들에 대한 것도 또한 바로 이와 같을 뿐이다. 만일 이 두 자식이 하루아침에 자신의 잘못을 뉘우치고 선으로 옮겨서 눈물을 흘리고 성실하게 산다면, 부모 된 자 또한 반드시 불쌍히 여겨 용서할 것이다. 무엇 때문인가? 차마 그 자식을 죽일 수 없는 것이 바로 부모의 본심이기 때문이다. 이제 그 본심을 이루었으니, 무엇이 이보다 더 기쁘고 더 행복하겠는가? 내가 너희들에 대한 것도 또한 바로 이와 같을 뿐이다. 너희가 도적이 되어 고통스러운 것은 그리 많지 않으나, 그사이에 오히려 의복과 음식이 충분하지 않다고 들었다. 어찌하여 너희는 도적이 되어 수고스러운 정력을 농사짓는 일에 쓰지 아니하고 상고商賈를 운영하지 아니하면서, 앉아서 부자가 되어 안일하게 향락을 누리고 마음과 뜻을 제멋대로 하고, 성시城市의 한가운데서 유람하며, 전야田野 안에서 유유자적하는가? 어찌하여 금일에 나아가서는 관官을 두려워하고 원수를 피하며, 들어와서는 토벌을 방어하고 죽임 당함을 두려워하여, 자취를 감추고 종신토록 근심하면서, 끝내 몸이 멸하고 집안이 파산하며 처자가 능욕을 당할 것이니, 또한 무슨 좋음이 있겠는가? 너희들이 만일 나의 말에 귀를 기울일 수 있어 행실을 고치고 선으로 옮긴다면, 나는 너희들을 양민良民으로 간주하고 다시는 너희의 옛 잘못을 추궁하지 않을 것이다. … 오호라! 백성들은 모두 나의 동포요, 너희들은 모두 나의 자식인데, 나는 끝내 너희들을 어루만져 구휼할 수 없어 죽이게 되니, 가슴이 아프도다! 가슴이 아프도다! 말이 여기에 이르니 나도 모르는 사이에 눈물이 흐르는구나.

이 글에서 불인지심不忍之心과 측은지심惻隱之心에 바탕을 둔 양명의 강한 '애민愛民'과 '보민保民' 의식을 읽을 수 있다. 비록 양명이 무관 장수로서 도적 떼를 소탕할 수밖에 없는 처지에 있었다고는 하나, 이는 또 다른 선량한 백성들의 피해를 막고 고통으로부터 백성들을 구제하기 위한 것이었다. 그리고 양명은 어쩔 수 없이 그들을 소탕하는 과정에서도 무력으로 무차별적인 살상을 자행하는 것이 아니라, 부모가 자식을 구하고자 하는 간절한 마음으로 그들을 선으로 인도하고 죽음으로부터 살려내고자 노력하였다. 무력의 행사는 선량한 백성과 형제를 지키고 악을 징계하고자 하는 불가피한 최후의 수단으로 간주하였다. 이에 당시 추장이던 황금소黃金巢, 노가盧珂 등이 무리를 이끌고 와서 투항하였으며 목숨을 바쳐 보답하고자 하였다.

횡수와 통강의 난과 도적 떼를 평정하고 양명이 거느리

는 군대가 남강에 이르렀을 때 백성이 연도에 나와 향을 피우고 영배迎拜했다. 또한 주州, 현縣, 애隘, 소所에서는 각기 양명의 생사生祠(공덕 있는 사람을 추앙하여 그 사람이 생존해 있을 때에도 신처럼 제사지내는 사당)를 세웠다. 멀리 있는 백성들은 각기 조당祖堂에 양명의 초상을 모시고 세시歲時에 시축尸祝을 지내기까지 하였다. 47세 되던 해(1518) 양명은 강서 광동성 변경 일대의 삼리를 정벌하고, 대모大帽 이두浰頭의 난을 평정한 다음, 토벌군을 철수시키고 사학社學을 설립하여 아동 교육에 노력하도록 하였다. 양명은 덕행과 마음의 근본에 힘쓰고, 서로 예禮로써 양보함이 날로 새롭게 되고, 풍속이 나날이 아름다워지기를 바라고 사학을 흥성시켰다. 이때 양명은 '아이들을 훈육하는 대의를 책 읽기를 가르치는 교사 유백송劉伯頌 등에게 보여준다'는 「훈몽대의시교독유백송등訓蒙大意示教讀劉伯頌等」을 써서 유백송 등에게 보여주었다. 정주程朱의 이학理學이 정찰천리精察天理와 역행力行을 강조하는 엄숙주의에 치우쳐 있다면, 양명의 교육관은 엄격주의를 배격하고 아동들의 생의生意에 바탕을 둔 자연주의를 강조하며 아동 정서의 함양에 주력한다.

그해 6월 도찰원都察院의 차관급인 우부도어사右部都御史로 승진한 양명은 염계서원濂溪書院을 수리하여 사방에서 밀려든 학생들을 교육하고, 지방민이 지켜야 할 규범인 향약鄕約을 만들어 노부자제老父子弟에게 널리 알려서 서로 경계토록 하였다. 명대의 대표적 향약이기도 한 양명의 '남감향약南贛鄕約'은 백성 상호 간의 협동과 화합을 근본 목적으로 한다. 이해 8월에는 문인 설간薛侃이 『전습록』(현재의 상권)을 간행하였다. 48세 되던 해(1519) 양명은 환관들은 물론 도적들과 결탁하여 천자가 되고자 하는 흑심을 품은 영왕 주신호의 반란을 평정하였다.

6. 치양지致良知를 설하다

양명은 49세가 되던 해(1520) 6월 가르침을 듣기 위해 찾아온 많은 문인들에게 "나는 참으로 양지良知가 사람마다 같다는 것을 알았다. 다만 배우는 자들이 깨닫지 못하여 달갑게 습속의 그릇됨을 따르는 것이다"라고 하여 '양지'에 대한 확신을 피력하였다.

50세(1521) 되던 해 정월 양명은 남창에 머물면서 정식으로 '치양지致良知' 학설을 제창했다. 양명은 신호의 난과 장충과 허태가 일으킨 난을 겪고 난 후부터는 더욱더 양지야말로 참으로 환난을 잊고 생사를 초월할 수 있게 하는 것이라는 확신을 갖게 되었다고 한다. 이에 양명은 추수익鄒守益(1491~1562, 호는 東廓)에게 다음과 같은 내용의 편지를 보낸다.

근래 치양지 세 자야말로 참으로 성인 문하의 바른 진리의 눈이 간직되어 있는 곳正法眼藏임을 믿게 되었다. 지난날에는 의문이 완전하게 없어지지 않았으나 여러 일을 경험한 지금에 이르러서는 이 양지만이 완전하여 부족함이 없음을 알게 되었다. 비유하자면 배를 조종함에 있어서 키를 손에 꽉 잡고 있으면 잔잔한 물, 파도치는 물, 얕은 물, 빠른 물에 관계없이 자기 뜻대로 되지 않는 바가 없다. 비록 역풍과 역랑逆浪을 만나더라도 키의 손잡이가 손안에 있으면 물에 빠지는 근심을 면할 수가 있다.

양명은 또한 진구천陳九川에게 "나의 이 양지 두 글자는 참으로 천고의 성인과 성인이 서로 전수한 한 점의 적골혈滴骨血이다"라 말하고, 또 "나의 양지 학설은 백사천난百死千亂의 어려움을 극복한 경험에서부터 얻어진 것이지만 부득이하게 한마디로 표현하였다. 그러나 학자들이 이를 쉽게 얻어지는 것으로 간주하여 그것을 일종의 광경光景으로만 가지고 놀고 실제의 일에 힘을 쏟지 않아 양지를 저버릴까 걱정된다"고 하였다.

양명은 5월에 문인들을 백록동에 모이게 하여 학문을 강의하였다. 6월에는 세종世宗이 즉위하여 양명을 조정으로 부르려 하였으나 중도에 간신들의 방해가 있자 세종은 양명을 남경 병부상서兵部尙書로 임명하여 기무機務의 일을 돕게 하였다. 12월에는 '신건백新建伯'으로 봉해졌다.

양명은 51세 되던 해(1522) 2월에 부친상을 당하여 월에서 상을 치렀다. 7월에는 어사 정계원程啓元이 재상의 사주를 받아 양명이 올바른 학문을 막았다는 이유로 양명을 모함하였다. 다음 해 2월에는 남궁南宮(예부)의 책사가 심학에 관한 문제를 내어 음으로 양명을 제거하고자 하였다. 그러나 양명은 이러한 일에 전혀 개의치 않았다.

53세(1524) 때에는 문인들이 더욱 증가하였는데, 사방에서 몰려와 양명의 주위를 빙 둘러앉은 자가 3백 명이 되었다고 한다. 10월에는 문인 남대길南大吉이 회계에서 『전습록』속록續錄(오늘의 중권)을 간행하였다. 54세 되던 해 정월 부인 제씨가 세상을 떠나자 4월에 서산에 장사지냈으며, 10월에는 문인들이 월성越城(회계)에 양명서원을 세웠다.

양명은 54세 때 「발본색원론」, 「친민당기」, 「중수산음현학기」를 지었으며, 55세 때에는 「답섭문울」을 짓고, 56세 때에는 「대학문」을 지었다. 이 글들의 모두 '천지만물일체설'을 핵심적 내용으로 하고 있다.

양명의 3대학설 가운데 하나인 '치양지설'은 양명의 독창적 심학 사상의 최종 귀결처이다. 양명의 전기 학설인 심즉리설이나 지행합일설이 어느 정도 삶의 체험에서 비롯되었다고는 하지만, 이후 정좌를 중요시하는 입장에서 보여주듯 정적인 본체 공부에 치우쳐 있다. 그러나 치양지설은 양명 자신이 밝히고 있듯, 오랜 기간 동안 변방에서의 삶과 죽음을 넘나드는 환난을 체험하고 백성들의 고난을 어루만지는 역동적 삶의 장 한가운데서 몸소 체득한 생명철학의 진수이다.

더욱이 중요한 사실은 전기 학설과 달리 양명은 치양지설을 제창한 이후 치양지설과 함께 천지만물일체설을 계속해서 함께 주장하고 있다는 점이다. 살아 있는 존재물들의 고통을 내 몸의 절실한 아픔으로 느끼는 '만물일체의 인심仁心'이 바로 '양지'이다. 자신의 이익과 안위에만 집착하는 사욕을 극복하고 자신의 생명 주체인 양지를 회복하여 천지만물의 아픔을 어루만져 주고 친애하며 이들을 온전하게 양육시켜나가는 것이 바로 '치양지'이다.

양명이 어린 시절부터 그토록 희구하고 갈망한 '성인'이란 다름 아닌 양지를 실현한 인간이다. 즉 자신과 천지만물이 한몸임을 자각하고 자·타와 물·아의 구별을 두지 않는다. 그리고 천지만물의 고통이나 배고픔을 자신의 고통이나 배고픔으로 느낀다. 나아가, 이들을 안전하게 보살피고 교양하는 등 친애親愛의 실천을 통해 진정으로 천지만물과 한몸이 되는 인간이다. 이는 곧 양지 실현을 통한 자아의 본질 실현(內聖·成己·修己·明明德)과 만물의 본질 실현(外王·

成物·治人·親民)이 하나 됨을 의미한다. 이러한 치양지설을 통해 양명학은 비로소 주자학의 주지주의적 사변철학의 한계성을 극복하면서 역동적이며 주체적이고 실천적인 '생명철학'으로 새롭게 태어난다.

7. 내 마음이 광명한데 또 무슨 말을 하겠느냐?

양명은 56세 5월 도찰원都察院 좌도어사左都御史에 임명되어 광동·광서의 군무를 관장하면서 사은과 전주 지방의 도적의 난을 토벌하라는 명령을 받았다. 9월 난을 토벌하기 위해 출발하기 하루 전 천천교天泉橋에서 전덕홍錢德洪(1494~1578, 호는 緖山) 및 왕기王畿(1498~1583, 호는 龍溪)와 더불어 양명의 교학 근본, 즉 "선도 없고 악도 없는 것이 마음의 본체이고, 선도 있고 악도 있는 것이 의념의 발동이며, 선을 알고 악을 아는 것이 양지이고, 선을 행하고 악을 제거하는 것이 격물이다無善無惡是心之體, 有善有惡是意之動, 知善知惡是良知, 爲善去惡是格物"라는 사구교四句敎에 대해 토론하였다. 양명은 심心·의意·지知·물物이 모두 선악이 없다는 왕기의 사무설四無說과 심·

의·지·물이 모두 선악이 있다는 전덕홍의 사유설四有說을 조화시키려는 입장을 취한다. 왕기의 사무설은 상근인에게 적합하고 전덕홍의 사유설은 중근 이하의 사람들에게 적합하다. 그렇지만 어느 한쪽으로 치우쳐서는 안 되며 서로 상대방의 견해를 취하여 사용해야 한다는 것이다. 그러나 반드시 양명 본인의 사구종지四句宗旨에 의거해서 사람들을 가르쳐야 한다고 하는 입장을 견지하였다.

양명은 1527년 56세 때 사은과 전주 지방에서 봉기한 노소盧蘇와 왕수王受의 반란을 평정하라는 명령을 수행하기 위해 부임하는 도중 남창에 가까운 남포에 도착하였다. 이때 신호의 반란을 평정하고 지방민을 구한 은혜를 아는 부로군민父老軍民들이 양명을 환영하기 위해 향을 받들고 길과 골목을 가득 메워 행차할 수가 없었다. 사람들은 수레를 호위하면서 도사都司에 따라 들어왔다. 양명이 부로군민들로 하여금 알현토록 하자 군중이 동쪽에서 들어와서 서쪽으로 나갔는데 어떤 사람은 나갔다가 다시 들어왔으며, 진시辰時에 시작하여 미시未時가 되어서야 비로소 돌아갔다. 어떤 학자가 양명을 보고 "3대 이후에 어찌 이러한 기상이 있었단

말인가!"라 하며 경탄하였다고 한다. 양명은 12월 사은과 전주의 실정을 주의 깊게 파악한 뒤 여러 고위관리와 회의를 통해 당시 사은과 전주에 대해 무조건 토벌작전을 구사하여 평정을 할 경우에는 10가지 근심이 있고 그 실정을 살펴 위무慰撫로써 다스리면 10가지 선이 있다고 하였다. 토벌보다는 위무의 방책을 통해 민심을 얻을 수 있고 경제적 파탄을 피할 수 있으며 그를 통해 자연스레 변방의 방위문제까지도 해결된다고 본 것이다.

다음 해 양명이 57세가 되던 해 정월 26일 양명은 남령에 도착하여 징집한 수만의 수비병력을 해산시키고 반란군의 항복을 권고하였다. 이에 노소와 왕수도 양명의 뜻을 알고 감복하여 스스로 포박한 채 부하 1만 7천여 명을 이끌고 투항하였다. 양명은 이들을 모두 사면하고 지난 수년간 돌보지 못한 가업을 돌볼 수 있도록 귀향시켜 본업을 회복하도록 조치하였다. 이에 반란군 모두 감격하여 울면서 환호하고 재생의 은혜에 보답하고자 하였다. 4월 사은과 전주에 학교를 세우고, 6월에는 남령에 부문서원敷文書院을 세워교화에 노력하고 백성의 안전을 확인하였다. 7월에는 험한 산골짜기에 기반을 두고 폭행을 제멋대로 해대던 팔채와 단등협의 수만의 오랑캐 도적들을 기습 공격하여 평정하였다. 이것이 양명의 마지막 내란 평정이다.

10월에는 병이 심하여 조정에 귀경할 것을 청하였으나 받아들여지지 않았다. 11월 28일 강서 남안의 청룡포에 도착했다. 주적周積이 곁에서 모시던 중 양명은 "나는 간다"라고 했다. 주적이 눈물을 흘리면서 "무슨 말씀을 남기시렵니까?"라고 묻자, 양명은 "나의 마음이 광명한데 또 다시 무슨 말을 하겠느냐!此心光明, 亦復何言!"라 하고, 잠시 후 세상을 떠났다. 이때가 1528년 11월 29일 아침이었다. 12월 3일 입관식을 마치고 다음 날 배에 승선하자 연도의 백성들이 마치 자신의 부모를 장사지내는 것처럼 땅이 진동하도록 통곡하였다고 한다. 1529년 정월 남창에서 발상發喪하였으며, 2월에 유해가 고향 월로 돌아가 집에 안치되었다. 11월 천여 명이 상복하고 조문하는 가운데 유해가 월성에서 30리, 난정에서 5리 들어간 홍계에 안장됐다.

양명이 죽은 후에 조정에서는 이견이 많아 작위와 시호 등을 내리지 않았으며, 오히려 어명을 내려 작위를 빼앗아버렸다. 또한 위학僞學이라고 하여 왕학王學을 금지시켰다. 그러나 문인들은 굳건히 천하에 서원과 정사 및 사당을 건립하고 학문 강의를 늦추지 않았다. 양명 사후 7년 뒤에 『문록文錄』이 간행되고, 사후 28년 뒤에 『전습록』이 간행되었다. 사후 39년(1567) 뒤 목종穆宗이 즉위하자 백작伯爵을 회복시키고 '신건후新建侯'로 추증하고 '문성文成'이라는 시호를 내렸다.

2장
『전습록』이란 어떤 책인가?

1. 『전습록』의 편찬 과정과 책명

　『전습록』은 양명의 제자들이 양명의 어록과 편지글을 모아서 엮은 책이다. 제자들과의 문답, 지인들과의 편지글로 구성되어 있어 딱딱하거나 건조하지 않고 따뜻함과 인간미가 배어 있다. 상·중·하 세 권으로 구성되어 있다. 이 책은 단 한 번에 만들어진 것이 아니라 시간적 추이를 두고 만들어졌다. 설간薛侃이란 제자가 양명 47세 때인 1518년에 상권을 간행하였으며, 남대길이 양명 53세 때인 1524년에 중권을 간행하였다. 그리고 전덕홍이 양명 사후 28년 후인

1556년 『전습록』 상·중·하 3권을 편찬하였다. 시간적 편차를 두고 간행된 관계로 상권에는 양명 40세 전후의 어록으로 구성되고, 중·하권은 50세 이후의 편지글과 어록으로 구성되어 있다.

『전습록』이 만들어지게 된 동기는 다음과 같은 서애徐愛의 「전습록서傳習錄序」라는 글을 통해 알 수 있다. 「전습록서」에 의하면 당시에 문인 가운데 양명의 말을 개인적으로 기록하는 자가 있었다. 선생님께서 이것을 듣고 다음과 같이 말했다.

성현이 사람들을 가르치는 것은 의사가 약을 쓰는 것과 같다. 모두 병에 따라 처방을 하기 때문에 그가 허한지 실한지, 따뜻한지 차가운지, 음한지 양한지, 안과 밖을 살펴서 때때로 약을 더하거나 줄인다. 중요한 것은 병을 제거하는 데 있는 것이니 처음부터 정해진 이론은 없다. 만약 한 가지 처방만을 고집한다면 사람을 죽이지 않음이 드물 것이다. 지금 나는 여러분과 더불어 각각의 치우치고 가리워진 것에 나아가 경계하고 힘써 갈고 닦도록 하는 것에 불과하다. 다만 잘

고쳤다면 나의 말은 이미 쓸모없는 군더더기일 뿐이다. 만일 끝내 지켜서 완성된 가르침으로 삼는다면, 다른 날에 자신을 그르치고 다른 사람을 그르치게 할 것이니, 나의 죄와 허물을 다시 따라가 면할 수 있겠는가?

『전습록』은 양명이 의도적으로 기획하여 저술한 책이 아니다. 단지 양명이 평소에 이야기한 말이나 편지글을 제자들이 기록하거나 모아두었다가 편찬한 책이다. 무엇보다 중요한 것은 여기서 양명 가르침의 핵심이 드러난다는 것이다. 『전습록』은 바로 양명학의 핵심을 담은 글이다. 성현의 가르침이라는 것은 획일적인 것이 아니며 고정불변한 것도 아니고 일방적으로 전달하고 가르치는 것이 아니다. 의사가 환자의 증상에 따라 약을 다르게 처방하듯, 질문을 하거나 가르침을 받는 사람의 상황과 근기와 수준과 상태에 따라 적의타당하게 가르침을 준다는 것이다. 바로 '수시변역隨時變易'이요 '인시제의因時制宜'의 가르침인 것이다. 가르침을 받는 사람의 상황과 상태를 고려하지 않은 채 한 가지만을 고집하는 것은 오히려 그 사람의 생명을 질곡시키는 폐단을 야기한다. 사실상 양명은 자신의 말들이 하나의 책으로 엮어져서 불변하는 고정된 원칙과 규범으로 화석화되는 것을 원치 않았다.

이어지는 「전습록서」에 의하면, 서애가 이미 선생님의 가르침을 상세히 기록하였는데, 동문의 벗 가운데 선생님의 경고를 가지고 서로 훈계하는 자가 있었다고 한다. 그래서 서애는 이들에게 "그대의 말은 또한 한 가지 처방을 고집하는 것이니, 또한 선생의 뜻을 잃어버린 것이다"라 하고, 이어서 다음과 같이 말했다.

지금 선생님의 말을 자세히 기록하는 것은 진실로 선생님이 바라신 바가 아니다. 가령 우리들이 항상 선생의 문하에 있다면 또한 어찌 이것을 일삼겠는가? 다만 혹 선생님의 곁을 떠나는 때가 있고, 동문의 벗 또한 모두 무리를 떠나서 홀로 거처할 수도 있다. 이때를 당하면 모범을 삼을 만한 분은 이미 멀리 있고, 충고하는 것은 들을 수가 없다. 나처럼 둔하고 어리석은 사람은 선생님의 말씀을 얻어서 수시로 대면하여 경계하고 분발하지 않으면, 의지가 꺾이고 무너지며 학문이 쓰러져 없어지지 않음이 거의 드물 것이다. 우리들이 선생님의 말씀에 대해 진실로 한갓 귀로 듣고 입으로 내뱉기만 하고 몸으로 체득하지 않는다면, 내가 이것을 기록하는 것은 진실로 선생님께 죄인이 되는 것이다. 가령 선생님께서 말로써 드러내신 뜻을 얻고 실제로 실천하는 가운데 정성스럽게 한다면, 이 기록은 진실로 선생님께서 종일 말씀하신 마음일 것이니, 모자란다고 할 수 있겠는가?

양명은 자신의 말이 기록으로 남아 책으로 엮어지는 것을 원치 않았다. 하지만 서애는 선생님과 함께하지 못할 때 혹은 혼자 지낼 때 경계와 분발의 계기로 삼고자 선생님의 말씀을 기록으로 남기게 되었다는 것이다. 그러나 선생님의 뜻에 반하면서까지 글로 남긴 것은 선생님의 말씀을 단순히 암기하거나 머리로만 이해하고자 하는 데 목적이 있는 것이 아니다. 선생님의 말씀을 몸소 체득하고 실천하고자 하는 데 목적이 있었다. 이처럼 『전습록』의 제작 과정 또한 심즉리와 지행합일에 바탕하고 있었다는 것을 알 수 있다.

『논어論語』「학이편學而篇」에 "증자가 이르기를 나는 하루에 세 번 내 자신을 돌이켜본다. 다른 사람을 위하여 일을 도모함에 마음을 다하지 않은 바가 있었는가? 벗을 사귀는 데 미덥지 못함이 있었는가? 전하는 것을 익히지 않았는가? 子曰, 吾日三省吾身, 爲人謀而不忠乎, 與朋友交而不信乎, 傳不習乎?"라는 말이 있다. 『전습록』의 '전습傳習'은 바로 여기서 유래한 것이다. 즉 전해져 내려오는 가르침 또는 선생님이 가르쳐주신 내용을 연습하고 복습하여 익히고 실천하는 것을 의미한다. 아마도 양명의 제자들은 어록과 편지글에 담긴 선생님의 따뜻한 가르침을 잊지 않고 배우고 실천하기 위해 책명을 『전습록』이라고 하였던 것 같다.

2. 『전습록』의 구성과 내용

『전습록』 상권은 「서애록徐愛錄」 14개 조목, 「육징록陸澄錄」 80개 조목, 「설간록薛侃錄」 35개 조목, 총 129개 조목으로 구성되어 있다. 1518년 양명 47세 때 문인 설간이 서애와 육징陸澄이 기록한 것 그리고 본인이 기록한 것을 모아서 강서 건주虔州에서 3권으로 판간하였다. 이것이 초간初刊 『전습록』이며, 지금의 『전습록』 상권이다. 치양지설致良知說을 제창한 49세를 기준으로 양명의 학설이 전기와 후기로 갈라지게 되는데, 이 상권은 양명 전기의 사상이 담겨 있다고 할 수 있다.

1524년 양명 53세 때 남대길이 초간 『전습록』을 상책上册으로 하고, 별도로 양명의 「논학서論學書」 9편을 하책下册으로 하여 지금의 소흥 지역인 월에서 판각하였는데, 이것이 속각 『전습록』이다. 「논학서」 9편은 「답서성지答徐成之」 2편, 「답고동교서答顧東橋書」, 「계문도통서啓問道通書」, 「답육원정서答陸原靜書」 2편, 「답구양숭일答歐陽崇一」, 「답나정암소재서答羅整菴少宰書」, 「답섭문울答聶文蔚」이다. 이후 양명 사후 28년째가 되는 1556년 전덕홍이 『전습록』 상·중·하 3권을 펴내면서, 「답서성지」 2편을 외집外集으로 옮겼다. 그리고 「답섭문울」 두 번째 편지글을 보충하여 수록하였다. 이 글은 '필유사언必有事焉'이 바로 치양지 공부임을 간단명료하면서도 확실하게 드러내고 있다. 이 때문에 사람들에게 말하자마자 그 자리에서 공부에 착수할 수 있게 한 것은 이 글보다 더 자세한 것이 없다고 한다. 또한 「훈몽대의시교독유백송등訓蒙大意示教讀劉伯頌等」과 「교약敎約」을 증보하였는바, 이것이 오늘날 『전습록』 중권이다. 이 중권은 상권, 하권의 어록 형식과는 달리 서간집書簡集이다. 중권의 서간문은 양명 50대 때 쓰인 것으로 양명의 성숙한 만년 사상이 담겨 있다.

다음은 『전습록』 하권이다. 『전습록』 말미에 전덕홍의 발문이 있다. 여기서 전덕홍은 "가정嘉靖 무자戊子 7년(1528) 겨울 전덕홍과 왕여중王汝中은 스승의 상喪을 먼 곳에서 당하여 급히 달려가 광신에 이르러서 동문들에게 부음을 알리는 한편, 3년 안에 선생께서 남기신 말씀을 모아 기록할 것을 약속하였다"고 하였다. 1555년 전덕홍이 중심이 되어 『전습속록傳習續錄』 2권으로 편집하여 단행본으로서 간행한 것이 현행 『전습록』 하권의 전반부 부분에 해당한다. 이후 『왕양명선생유언록王陽明先生遺言錄』(전서산·황직의 기록) 가운데 『전습속록』에는 수록하지 않았던 나머지 어록 속에서 적절한 것을 가려 뽑아 『전습속록』의 뒤에 부가하였는데, 이것이 현행본 하권의 후반부에 해당한다. 이 『전습속록』 전 3권을 전덕홍이 『왕문성공전서王文成公全書』를 편집할 때 하권으로 넣은 것이다. 하권은 「진구천록陳九川錄」, 「황직록黃直錄」, 「황수역록黃修易錄」, 「황성증록黃省曾錄」, 「황이방록黃以方錄」 이상 5종류의 어록이 수록되어 있는데, 총 142개 조목으로 구성되어 있다.

3장
천지만물일체의 우주론

　유학사상은 크게 '우주론', '인간론', '수양론', '경세론'으로 구성되어 있다. 주자학의 경우 '이기론理氣論'이 우주론, '심성론心性論'이 인간론, '거경궁리설居敬窮理說'이 수양론에 해당된다면, 양명의 경우에는 '천지만물일체설天地萬物一體說'이 우주론, '심즉리설心卽理說'과 '양지론良知論'이 인간론, '지행합일설知行合一說'과 '치양지설致良知說'이 수양론에 해당한다고 말할 수 있다. 양명의 수많은 학설 가운데 먼저 우주론에 해당하는 천지만물일체설에 대해 소개하고자 한다.

　양명은 『주역』과 『중용』의 유기체론적 세계관과 북송 유학의 만물일체론을 수용하는 바탕 위에 "동·식물과 천지 또한 인간과 동체同體이다", "대저 사람이란 천지의 마음으로 천지만물은 본래 나와 한몸이다", "사람은 천지만물의 마음이며, 마음은 천지만물의 주체이다"라고 하는 천지만물일체설을 주장한다. 천지만물일체설에서 보이는 양명의 세계관은 한마디로 '인간을 중추로 한 생생불식生生不息의 유기체적 세계관'이라고 말할 수 있는데, 이는 다음과 같은 세 가지 특성을 지닌다.

1. 자기-조직하는 우주자연

먼저 양명의 다음과 같은 다양한 언급 속에서 양명이 '우주'·'자연'을 어떻게 생각하고 있는지 유추해 볼 수 있다.

천도天道의 운행은 한순간의 쉼이나 멈춤이 없다「왕양명전집」(이하 「전집」으로 표기), 권7, 「석음설」.

천리天理는 한순간의 끊어짐이 없다. … 이것이 곧 천덕天德이다「전습록」(상), 「설간록」, 126조목.

천지의 기기氣機는 본래 한순간의 중단이 없다「전습록」(상), 「설간록」, 104조목.

활발발活潑潑을 본질로 하는 천기天機는 쉼이 없다. … 한 번 쉼은 곧 죽음이다「전습록」(하), 「진구천록」, 202조목.

천지는 한순간의 쉼도 없이 끊임없이 작용한다. 그 쉼 없는 작용 원리가 바로 '하늘의 도天道'요, '하늘의 이치天理'요, '하늘의 덕天德'이다. 그리고 그 활발발한 작용 주체가 바로 '하늘의 기틀天機'이요, '기의 기틀氣機'이다. 천지 운행의 멈춤은 곧 '죽음'을 의미한다. 그렇다면 천지가 쉼 없이 운행하면서 하는 일은 무엇인가? 양명은 다음과 같이 말한다.

천지가 만물을 화육化育한다「전집」, 권6, 「답우인문」.

천지가 서고 만물이 양육된다「전집」, 권7, 「자득재설」.

천지가 쉼 없이 하는 일이란 곧 만물을 낳고 기르는 일이다. 생명을 낳고 기르는 일이기에 천지 운행이 잠시라도 멈춘다는 것은 곧 죽음을 의미하게 된다. 따라서 양명에게 있어 천지만물로 표현되는 우주자연은 기계적 법칙에 따라 작동하는 무생명의 물리적 기계가 아니다. 이는 항구적인 변화 과정을 통해 스스로 생명을 창생·양육해나가는, 즉 '자기-조직성'을 지닌 하나의 유기체라고 말할 수 있다.

'유기체적 우주'는 끊임없는 창출 과정을 통해 스스로를 '자기-조직self-organizing'해나가는 특성을 지닌 것으로 규정된다. 그리고 전일적全一的, 전체론적 세계관holistic worldview 또는 생태적 세계관으로 통칭되는 '유기체적 세계관'은 세계를 분리된 부분들의 집합이라기보다 통합된 전체로 본다. 이러한 세계관은 모든 생명의 일체성, 다양한 현상의 상호 의존성, 그것의 변화와 변형의 순환성 등으로 나아가게 하는 실재에 대한 인식에 깊은 뿌리를 두고 있다. 모트는 『중국의 철학적 기초』에서 "중국의 진정한 우주 발생론은 유기체적 과정의 우주 발생론이다. 그것은 우주의 모든 부분들이 하나의 유기체에 속하며, 그 부분들은 모두 스스로 자기-생성하는 생명 과정의 요소로서 상호 작용을 한다는 것을 의미한다"고 평가한다. "천지만물은 일체—體"라고 하여 우주를 하나의 생명체로 파악하고 기계적 법칙에 의해 순화하는 과정이 아니라 끊임없이 생명을 창생·양육하는 과정으로 파악하는 양명의 우주관은 분명 기계론적 세계관보다는 '유기체적 세계관'에 가깝다.

더욱이 양명은 사람을 '천지' 또는 '천지만물'의 '마음'으로 규정하고 있다. '마음'은 살아 있는 유기체나 사회조직 혹은 생태계를 특징짓는 시스템적 현상으로 정의된다. 나아가 마음은 살아 있는 유기체의 본질적 특성이며 '생명의 정수'로서 생명과 마음은 모두가 생물체의 시스템적 특성인 역동적 자기–조직의 옴살스런 과정이며 서로 다른 모습으로 발현되는, 시스템의 각기 다른 양상이라고 정의되기도 한다. 이러한 정의들에 근거하더라도 마음이란 속성을 지닌 천지만물, 즉 총체적 우주자연은 무생명체가 아닌 하나의 살아 있는 생명체로 볼 수 있다.

천도, 천리, 천덕 등으로 표현되는 천지만물의 끊임없는 자기–조직성은 보다 구체적으로 천지만물의 역동성과 항동성을 바탕으로 한 '태극太極–음양陰陽–동정動靜'의 동적인 일원적 체계로 설명된다.

> 태극의 낳고 낳는 이生生之理는 그 오묘한 작용이 쉬지 않으면
> 서도妙用不息 그 항상된 본체는 바뀌지 않는다常體不易. 태극이
> 낳고 낳는 것은 곧 음양의 낳고 낳는 것이다「전습록」(중), 「답육원정
> 서」, 157조목.

양명에게 있어 '태극 생생의 이理'는 현상계를 초월하여
정리된 세계에 앞서 존재하는 일반 법칙을 의미하지 않는
다. 태극 생생의 이理는 그 자체가 묘용불식妙用不息, 즉 만물
이 끊임없이 창생·양육되어지는 생생의 생명 창출 과정임
과 동시에, 상체불역常體不易, 즉 이러한 항동적 작용주체의
창출성은 절대로 바뀌지 않는 속성을 지닌다. 따라서 '태극
생생의 이理'는 그 자체가 천지만물의 자기-조직성의 원리
體이자 동시에 끊임없는 자기-조직화 과정用이라는 체용일
원體用-源의 체계를 지닌다. 그러므로 태극과 음양 또한 형
이상과 형이하라는 각기 별개의 영역으로 존재하지 않는
다. '태극의 생생이 곧 음양의 생생'이 된다. 즉 태극의 생명

창출 과정이 바로 음양의 생명 창출 과정이 되는 일원적 체계를 지니게 된다.

2. 우주자연의 중추인 인간

천지만물을 유기체론 보는 양명은 '인간과 천지만물의 관계'에 대해 다음과 같이 말한다.

사람이란 천지의 마음天地之心으로 천지만물은 본래 나와 한 몸이다『전습록』(중), 「답섭문울」, 179조목.

사람은 천지만물의 마음天地萬物之心이며, 마음은 천지만물의 주체이다. 마음이 곧 하늘이니, 마음을 말하면 천지만물이 모두 열거된다『전집』, 권6, 「답이명덕」.

양명은 '인간'을 '천지' 또는 '천지만물'의 '마음'으로 규정하고 있다. 천지는 만물의 생육을 목적으로 하는 유기체, 즉 목적 지향적 존재이다. 따라서 '천지의 마음'은 천지가 만물을 낳으려는 목적의식으로 해석할 수 있다. 자연계의 변화는 맹목적인 기계적 운동이 아니라 일정한 목적과 뜻生意을 가지고 진행되며, 이것이 바로 '천지의 마음'으로 표현된다. 양명은 이러한 만물을 창생·양육하고자 하는 생명 의지로서의 천지의 마음을 인간으로 규정하고, 천지만물의 마음으로서의 인간이 바로 천지만물의 주체라고 정의하고 있는 것이다. 따라서 양명에게 있어 인간은 자연의 정복자·지배자가 아니다. 그렇다고 자연에 종속되어 자연을 숭배하고 두려워하는 존재도 아니다. 인간은 만물의 창출·양육 과정을 주체적으로 이끌어가는 '천지만물의 중추적 존재'인 것이다.

양명은 인간이 '천지만물의 마음'이 될 수 있는 근거를 다음과 같이 '기氣'의 계층적 차별성에서 찾고 있다.

기氣가 약간 정미하면 해·달·별·바람·비·산·강이 된다. 이보다 약간 더 정미하면 우레·번개·도깨비·풀·나무·꽃이 된다. 한층 더 정미하면 새·짐승·물고기·자라·곤충의 무리가 된다. 지극히 정미하면 사람이 되고, 지극히 영묘靈

하고 지극히 밝은 것明은 마음이 된다『명유학안』, 권25, 「남중왕문학안

1·어록」.

'존재의 연속성'의 토대가 되는 '기'는 천지만물의 동일한
질료적 토대임과 동시에 그 정밀함에 따라 '물리적 현상'→
'생명 의지를 지닌 식물'→'지각을 지닌 동물'→'인간' 그리
고 최고로 정밀한 단계에 이르러서는 '인간 마음의 영명靈明
한 속성'으로 나타나는, 천지만물과 인간의 계층적 차별성
의 근거가 된다. 따라서 인간은 기를 매개로 천지만물과 존
재의 연속성을 유지하며, 이를 바탕으로 인간만이 최고로
정밀한 기의 영명한 속성으로서의 마음을 소유함으로써 '천
지만물의 마음'이라는 중추적 위치를 점하게 되는 것이다.

인간이 천지만물의 중추적 존재가 될 수 있는 근거는 또
한 '인간 마음'의 본질적 속성에서 찾을 수 있다.

천도의 운행은 한순간의 쉼이나 멈춤이 없으며, 내 마음 양

지良知의 운행 또한 한순간의 쉼이나 멈춤이 없으니, 양지는

곧 천도이다『전집』, 권6, 「석음설」.

천명天命의 성性이 내 마음에 갖추어져 있다. 그 혼연한 전체 가운데에 조리條理와 절목節目이 무성하게 모두 갖추어져 있기 때문에 이를 천리天理라고 부른다「전집」, 권7, 「박약설」.

인간의 마음은 천지만물의 끊임없는 자기-조직성과 창출성을 자신의 생명 본질로 하는바, 인간 마음의 생명 본질로서의 '본성性'이 바로 '하늘天'이라는 것이다. 천지만물의 생명 본질이 선천적으로 인간 마음에 모두 갖추어져 있다. 따라서 이러한 인간의 마음은 천지만물과 분리되어 독립적으로 작용하지 않는다. 인간의 마음은 천지만물과 유기적인 관계망 속에서 이들의 자연한 생명현상에 따라 작용한다. 천지만물의 생명 중추로서의 인간은 이러한 자신의 마음을 통해 천지만물과 하나인 자신의 생명 본질을 자각한다. 아울러 천지만물과 유기적인 관계를 맺고 실천하는 가운데 천지만물을 온전하게 창생·양육시켜나갈 수 있는 토대를 마련한다.

인간이 천지만물의 생명 중추가 될 수 있는 토대로서의 인간의 마음은 단순히 혈액 순환 작용을 담당하는 생물학적 기관이나 인식 작용을 담당하는 인식 기관을 의미하지 않는다. 그 마음은 생명의 온전성에 대한 '감응感應과 통각痛覺 주체'로서의 마음, 즉 '양지'를 의미한다.

> 대저 사람은 천지의 마음이다. 천지만물은 본래 나와 한몸이므로, 살아 있는 존재물들生民의 고통은 무엇인들 내 몸에 절실한 아픔이 아니겠는가? 내 몸의 아픔을 알지 못하는 것은 시비지심是非之心이 없는 자이다. 시비지심은 생각하지 않더라도 알고 배우지 않더라도 능한 것이니, 이른바 양지이다「전습록」(중), 「답섭문울」, 179조목.

인간의 마음은 천지만물과의 감응을 통해 그들의 생명 파괴나 손상을 자신의 아픔으로 느낌으로써 천지만물의 생명의 온전성을 자각적으로 판단할 수 있는 시비판단의 마음이다. 이 마음이 바로 인간의 선천적인 천지만물의 생명의 온전성에 대한 자각적 판단력良知과 천지만물을 온전하게 창생·양육할 수 있는 능동적 실천력良能의 통합체로서의 '양지'인 것이다. 즉, 이러한 천지만물과의 감응과 통각의 주체가 바로 양지이다.

3. 인간과 우주자연의 호혜적 관계

양명의 유기체적 우주관에 있어 또 하나의 중요한 요소는 인간과 천지만물 사이의 '호혜성互惠性, reciprocity'의 원리이다. 호혜성의 원리는 인간과 천지만물 사이의 유기적이고 상보적인 관계맺음의 생명 원리로서, 이는 존재의 연속성의 근거가 되는 '일기―氣의 유통流通'과 인간의 영명성靈明性에 근거한 '감응'으로 표현된다.

먼저 양명은 인간과 천지만물 사이에 이루어지는 일기―氣의 유통에 대해 다음과 같이 말한다.

천지만물과 사람은 본래 한몸이니, 그 발동하는 감각 기관 가운데 가장 정묘한 곳은 바로 사람 마음의 한 점 영명靈明함이다. 바람과 비, 이슬과 우레, 해와 달, 별과 성좌, 새와 짐승, 풀과 나무, 산과 냇물, 흙과 돌은 모두 사람과 본래 한몸일 뿐이다. 그러므로 오곡五穀이나 새와 짐승의 부류는 모두

사람을 양육할 수 있고, 약이나 돌침과 같은 부류는 모두 병
을 치료할 수 있으니, 다만 이 일기가 동일한 것이기 때문에
서로 통할 수 있는 것이다「전습록」(하), 「황성증록」, 274조목.

인간 마음의 '영명'함이 천지만물의 정수로 규정되고, 천
지만물과 인간을 하나의 유기적인 정합체로 연결시키려는
입장에서 일기의 유통이 제시되고 있다. 예컨대 무생물·
식물·동물은 인간과 동일한 일기의 유통을 통해 인간의
병을 치료해주고 인간의 생명을 건강하게 유지시켜준다는
것이다. 반면 인간은 천지만물과의 감응을 통해 타자와 동
물·식물은 물론 무생물의 생명 파괴에 대해 이를 자신의
아픔으로 느끼는 통각痛覺(不忍之心, 憫恤之心, 顧惜之心) 작용을
일으킨다고 다음과 같이 말하고 있다.

새가 슬피 울고 짐승이 사지에 끌려가면서 벌벌 떠는 것을
보면 반드시 참아내지 못하는 마음不忍之心이 일어난다. 이것
은 그의 인仁이 새나 짐승과 더불어 한몸이 된 것이다. 새나
짐승은 오히려 지각知覺이 있는 것이다. 풀과 나무가 잘려나

간 것을 보면 반드시 가여워서 구제하고 싶은 마음憫恤之心이 일어난다. 이것은 그의 인仁이 풀·나무와 더불어 한몸이 된 것이다. 풀과 나무는 오히려 살고자 하는 의지生意가 있는 것이다. 기와장이 무너지고 돌이 깨진 것을 보면 반드시 애석하게 여기는 마음顧惜之心이 일어난다. 이것은 그의 인仁이 기왓장·돌과 한몸이 된 것이다「전집」, 권26, 「대학문」.

양명은 이러한 천지만물에 대한 인간의 영명한 마음의 감응 과정 또한 일기의 유통으로 규정하고 있다. 이러한 '일기의 유통'이라는 인간과 천지만물 사이의 '호혜성'은 하나의 생명체가 건강한 생명을 유지해나가는 토대이며, 전체생명의 부분들이 건강하게 양육될 수 있는 근간이다. 그리고 총체적 천지만물의 생명 체계에서 보았을 때, 이러한 호혜성은 부분들 간의 호혜적 관계로서 생명의 본질이자 자기-조직화 과정이다.

4장
마음이 곧 이치라는 이론

　'천지만물일체설'이 우주론에 해당된다면, 양명의 대표적 학설 가운데 하나인 '심즉리설心卽理說'은 '인간론'에 해당된다. 인간이 '천지만물의 마음', 즉 천지만물의 중추적 존재가 될 수 있는 근거는 인간의 마음에 있다. 본 장에서는 '심즉리설'을 중심으로 인간 마음의 '역동적'이고 '주체적'이며 '창조적'인 생명 원리에 대해 살펴보고자 한다.

1. 성인聖人은 천리天理를 실현한 사람

　어린 시절부터 '성인'이 되기를 갈망하던 양명은 37세에 이르러 유배지 용장에서 "비로소 성인의 도는 나의 본성으로 스스로 충족하다"고 선언한다. 그리고 38세 때 '지행합일설'을 제창한 양명은 "성인의 학문은 다만 하나의 공부이니, 앎과 실천을 두 가지 일로 나눌 수 없다"고 하여, 앎과 실천의 합일을 성인이 되기 위한 실천적 방안으로 제시하였다. 그리고 50세 때 '치양지설致良知說'을 제창하면서, "근래 치양지 세 글자야말로 참으로 성인 문하의 바른 진리의 눈이 간직되어 있는 곳임을 믿게 되었다"고 하였다. 이렇듯 양명은 어린 시절부터 성인이 되기를 희망하며 무한한 노력을 경주하던 끝에 성인의 학문으로서의 독창적이고 역동적이며 주체적인 심학 사상을 수립한 것이다.

그렇다면 양명이 말하는 '성인'이 될 수 있는 근거와 그 방안은 무엇일까?

성인이 성인이 되는 까닭은 단지 그 마음이 순수한 천리天理로서 인욕人欲의 섞임이 없기 때문이다. 마치 순금이 순수한 까닭은 단지 그것이 지닌 성분이 넉넉하여 구리나 아연이 섞이지 않았기 때문인 것과 같다. 사람이 순수한 천리에 이르러야 비로소 성인이며, 금은 성분이 넉넉한 데 이르러야 비로소 순금이 된다. … 생각건대 그것이 순금이 되는 까닭은 순도에 있지 무게에 있지 않다. 그들이 성인이 되는 까닭은 순수한 천리에 있지 재질과 역량에 있지 않다. 그러므로 보통 사람이라도 기꺼이 배워서 이 마음을 천리에 순수하게 만들면 역시 성인이 될 수 있다. … 배우는 사람들이 성인이 되기를 배우는 것은 인욕을 제거하고 천리를 보존하는 데去人欲 存天理 지나지 않는다『전습록』(상), 「설간록」, 99조목.

마음의 순수한 천리는 금의 순도에 비유되고, 재질과 능력은 금의 무게에 비유된다. 금이 아무리 무겁더라도 구리나 아연과 같은 이물질이 섞여 있으면 순금이 아니다. 사람 또한 재질과 역량이 아무리 뛰어나더라도 마음에 인욕이 섞여 있으면 성인이 될 수 없다. 금의 순금 여부가 무게가 아닌 금의 순도에 달려 있듯, 사람 또한 성인됨은 재질과 역량이 아닌 '마음의 천리에 대한 순수성'에 달려 있다. 성인됨은 마음에 조금의 인욕도 섞임이 없이 순수한 천리의 상태를 유지할 수 있어야 한다는 것이다.

인간은 누구나 인욕을 제거하고 천리를 보존하려는 후천적인 노력을 통해 성인이 될 수 있다. '성인'은 한마디로 '인욕의 섞임이 없이 순수한 천리의 마음을 소유한 인간'이라고 정의할 수 있다. 그리고 성인이 되는 방법은 재질과 역량에 달려 있는 것이 아니라, '인욕을 제거하고 천리를 보존하는 노력去人欲存天理'에 있다.

2. 마음이 곧 천리

그렇다면 양명에게 있어 '천리'란 무엇일까? '마음이 곧 이理'라고 주장하는 양명의 '심즉리설'에서 그 의미를 찾아볼 수 있다.

서애가 물었다. "지선至善을 단지 마음에서만 구한다면, 천하의 사리事理에 다하지 못하는 것이 있을까 걱정됩니다." 선생께서 대답하였다. "마음이 곧 이理이다心即理. 천하에 또한 마음 밖의 일事과 마음 밖의 이理가 있겠는가?" 서애가 물었다. "예컨대 어버이를 섬기는 효도, 임금을 섬기는 충성, 벗과 사귀는 믿음, 백성을 다스리는 어짊과 같이, 그 사이에는 수많은 이理가 있으니, 아마도 또한 살피지 않을 수 없습니다."

선생께서 탄식하며 말씀하셨다. "그러한 학설의 폐단이 오래되었다. 어찌 한마디 말로 깨우칠 수 있겠는가? 우선 그대가 질문한 것에 나아가 말해 보겠다. 가령 어버이를 섬기는 경우에 어버이에게서 효도의 이理를 구할 수 없고, 임금을 섬기는 경우에 임금에게서 충성의 이理를 구할 수 없으며, 벗과 사귀고 백성을 다스리는 경우에도 벗과 백성에게서 믿음과 어짊의 이理를 구할 수 없다. 모두가 다만 이 마음에 있을 뿐이니, 마음이 곧 이理이다. 이 마음이 사욕私欲에 가려지지 않은 것이 곧 천리이니, 밖에서 한 터럭이라도 보탤 필요가 없다. 이 순수한 천리의 마음으로 어버이를 섬기는 데 발휘하면 이것이 곧 효도이고, 임금을 섬기는 데 발휘하면 이것이 곧 충성이며, 벗과 사귀고 백성을 다스리는 데 발휘하면 이것이 곧 믿음과 어짊이다. 다만 이 마음에서 인욕을 제거하고 천리를 보존하는 데 힘쓰기만 하면 된다."전습록』(상), 「서애록」, 2조목.

서애는 천하의 사물은 반드시 객관적 존재 원리所以然之故와 선험적인 당위의 도덕규범所當然之則으로서의 이理를 지닌다는 주희의 이기론에 근거하여 지선과 이理는 모두 마음 밖의 사물 세계에 존재한다고 보고, 대상 사물에 나아가 이理를 궁구해야 한다卽物而窮其理는 주희의 격물설의 입장에서 양명의 심즉리설에 대한 의문을 제기하였다. 그러나 양명은 지선은 마음 밖에 있는 것이 아니라 바로 마음의 본체이기 때문에, '마음이 곧 이心卽理'라고 주장한다.

'마음이 곧 이'라는 주장은 사실상 두 가지 의미를 함축한다. 하나는 "이 마음이 사욕에 가려지지 않은 것이 바로 천리이다"는 주장에서 알 수 있듯, 심즉리의 이理는 '천리'를 지칭한다. 이때 천리는 사욕에 의해 가려지지 않은 마음의 순수한 상태로서의 '마음의 본체'를 의미한다. 다른 하나는 마음이 순수한 천리의 상태일 때 마음으로부터 효도·충성·믿음·어짊과 같은 각종 실천 조리가 창출된다는 의미에서의 심즉리이다.

사실상 마음의 본체로서의 '천리'는 마음이 실천 조리를 창출할 수 있는 근거가 된다. 양명에게 있어 천리는 사욕·

사의私意·사심私心이 조금도 개입되지 않은 순수하고 지선한 마음의 본질적 상태를 의미한다. 또한 지선과 같이 천리 또한 마음의 본체로 규정되기 때문에, '천리=지선'이 된다. 인간은 자신의 전체로서의 천지만물의 생명 본질을 자신의 생명 본질로 하며, 인간의 마음은 '천지가 만물을 낳으려는 마음天地生物之心'으로서의 생명 의지를 자신의 생명 본질로 한다. 따라서 '천리'는 천지만물의 생명 본질에 근원한 인간 마음의 생명 의지로서, 개체욕망을 뛰어넘어 천지만물과 감응하고 만물을 창생·양육할 수 있는 인간의 생명 본질인 것이다. '천리'는 마음 밖에 존재하는 형이상학적인 보편적 존재 원리나 당위의 도덕규범을 의미하지 않는다. 천리는 천지만물의 생명 본질에 근원한 인간의 생명 본질로서 천지만물과 감응하고 일체화할 수 있는 인간 마음의 '유기적인 생명성' 또는 '유기적 생명력'을 의미한다.

이러한 마음의 유기적 생명성으로서의 '천리'는 불변의 고정된 법칙이나 규범에 얽매이지 않는 '수시변역성隨時變易性'을 지닌다.

중中은 다만 천리이며, 다만 역易이다. 때에 따라 변역變易하니 어떻게 고집할 수가 있겠는가? 모름지기 때에 따라 마땅함을 제정해야 하니, 미리 하나의 규구規矩를 정해 놓기가 어렵다. 예컨대 후세의 유자들이 도리道理를 일일이 설명하여 조금도 빈틈이 없게 하고자 하여 격식을 세워서 고정시켜 놓은 것이 바로 한 가지만을 고집하는 것이다「전습록」(상), 「육징록」 52조목.

'천리'는 주어진 상황에 따라 지나치거나 부족함이 없는 '중中', 즉 시중時中과 상황에 따라 끊임없이 변화하는 '역易'으로 규정된다. 천리는 단일한 규구나 일정한 격식처럼 상황과 무관하게 고정된 불변하는 법칙이나 규범에 얽매이는 것이 아니라 주어진 상황에 따라 항상 준칙을 새롭게 설정하는 마음의 '수시변역성'이다.

이러한 천리의 수시변역성은 천지만물의 생명 본질과 밀접한 관련이 있다. 천지만물은 생생불식生生不息의 끊임없는 생명 창출과 변화를 자신의 생명 본질로 한다. 따라서 만일 천리를 고정불변한 당위의 규범으로 상정하게 되면, 인간은 역동적으로 끊임없이 생명을 창출·전개하는 천지만물의 자기-조직화 과정에 긍정적으로 참여하지 못한다. 오히려 미리 설정된 틀에 변화하는 천지만물을 가두어 버림으로써 천지만물의 생명을 질곡시키는 결과를 초래하게 된다. 인간 자신 또한 이처럼 고정된 틀에 얽매여 천지만물의 변화를 감지하지 못하고 천지만물의 생명 창출 과정에서 이탈함으로써 자신의 생명조차 질곡시키게 된다. 이에 양명은 천리에 수시변역성을 부여하여 천지만물의 자기-조직화 과정에 있어 인간 자신이 미리 설정한 법칙과 격식의 틀 안에 얽매이지 아니하고 항상 새롭게 전개되는 천지만물의 자연한 창생·변화 과정을 매 순간 새롭게 담아낼 수 있게 하였다. 이로써 천지만물의 창생 과정에 인간이 긍정적·주체적·능동적으로 참여할 수 있는 계기를 열어주고 있다. 아울러 이러한 천리의 수시변역성을 바탕으로 인간은 천지만물의 모든 존재물들과 하나 된 삶을 전개함으로써 자신의 생명 본질을 실현할 수 있는 계기를 마련한다.

3. 마음이 곧 본성

양명은 성性만이 이理이며 마음은 결코 이理가 될 수 없다고 주장하는 주희와 달리 '마음이 곧 본성心卽性'이라고 주장한다. 그렇다면 본성과 마음이 하나가 될 수 있는 근거는 무엇인가?

본성은 마음의 본체이며, 하늘은 본성의 근원이다. '마음을 다한다盡心'는 것은 곧 '본성을 다한다盡性'는 것이다. 오직 천하에 지극히 성실한 사람이라야 능히 자기의 본성을 다할 수 있고, 천지가 만물을 생성·양육하는 것化育을 알 수 있다. '마음을 보존한다存心'는 것은 마음에 아직 다하지 못한 것이 있는 것이다. '하늘을 안다知天'는 것은 지주知州·지현知縣이 (주와 현의 일을) 주관하는 것처럼, (하늘의 일이) 자기 분수상의 일이며 이미 하늘과 하나가 되는 것이다『전습록』(상), 「서애록」, 6조목.

먼저 "천지가 만물을 생성·양육한다"는 말에서, 본성의 근원처로서의 '하늘'은 물리적 실체나 형이상학적 본체

82

를 의미한다기보다는 천지만물의 생명 본질로서의 자기-조직성 또는 자기-창출성을 의미한다고 볼 수 있다. 따라서 인간 마음의 본체로서의 '본성'은 천지만물의 생명 본질에 근원하는 '자기-조직성' 또는 '자기-창출성'을 의미한다. 아울러 '지주·지현'(州와 縣의 知事, 즉 지방 장관)이라는 말이 단지 '주와 현의 일을 안다'는 의미가 아니라 지주·지현의 직분을 담당한 사람이 주와 현에서 일어나는 모든 일을 자신의 직분으로서 삼고 이를 주재·관장한다고 하는 의미와 같이, '지천知天'은 인간이 단지 인식론적으로 하늘, 즉 천지만물의 본질을 이해한다고 하는 앎의 단계를 의미하는 것이 아니라 천지의 화육을 자신의 직분으로 삼아 이를 주재·관장한다는 것을 의미한다. 인간은 천지만물과의 본원적 일체성을 바탕으로 마음을 통해 천지만물의 자기-조직화 과정을 자각하고, 이에 실제적 실천 행위를 통해 천지만물의 창생·양육 과정을 주체적·능동적으로 이끌어 가는 것이다. 따라서 '본성'은 주자학에서와 같이 단지 마음이 구비하고 있는 작용성이 없는 형이상학적 존재의 원리나 도덕적 당위의 규범으로서의 이理가 아니다. 본성은 곧 천리로 천지만물과 감응하고 일체화할 수 있는 인간 마음의 유기적인 생명성이다. 따라서 본성은 작용성을 지닌 마음 자체의 '유기적 생명성'으로 '본성이 곧 마음心卽性'이라고 하는 일원적 체계가 성립된다.

본성이 인간 마음의 유기적인 생명성을 의미한다고 할 때, 본성은 어떻게 발현되는가?

이른바 네 마음이란 오로지 한 덩어리의 피와 살만이 아니다. 만약 그것이 한 덩어리의 피와 살이라면, 이미 죽은 사람도 그 한 덩어리의 피와 살은 여전히 가지고 있는데, 어찌하여 보고 듣고 말하고 행동할 수 없는가? 이른바 네 마음이 그것을 보고 듣고 말하고 행동할 수 있게 한다. 이것이 바로 본성이고 천리이다. 이 본성이 있어야 비로소 살 수 있으니, 이본성의 생리生理를 인仁이라 한다. 이 본성의 생리가 눈에서 발현하면 볼 수 있고, 귀에서 발현하면 들을 수 있고, 입에서 발현하면 말할 수 있고, 사지에서 발현하면 움직일 수 있다. 이 모든 것이 다만 저 천리가 발생한 것이다. 천리가 일신—身을 주재하기 때문에 그것을 마음이라 한다. 이 마음의 본체

는 본래 다만 하나의 천리이며, 예禮가 아닌 것이 없다. 이것
이 바로 너의 참된 자기眞己이다. 이 참된 자기가 육체를 주재
한다. 만약 참된 자기가 없다면 육체가 없게 된다. 참으로 이
것이 있으면 삶이고, 없으면 죽음이다『전습록』(상), 「설간록」, 122조목.

　마음은 단지 혈육으로서 심장과 같은 형상을 지닌 신체
기관을 의미하는 것이 아니라, 몸의 각종 작용을 주재하는
'진정한 자기眞己'로 정의된다. 마음이 신체 기관을 주재하
여 보고 듣고 말하고 행동할 수 있는 것은 바로 마음에 본
성天理이 있기 때문이다. 본성이라는 유기적인 생명성이 있
어야 비로소 마음이 신체 기관을 주재하여 살아갈 수 있는
것이다. 따라서 신체 기관을 통해 드러나는 모든 생명 활동
은 바로 본성의 발현이 되는 것이다. 단지 신체 기관에 대
한 주재의 측면에서 이를 마음이라고 칭하는 것일 뿐, 마음
의 작용은 곧 본성(천리) 그 자체의 발현이다. 여기서 '인仁'
은 본성의 생명 원리生理로 정의된다. 본래 인이란 '만물일
체萬物一體의 인仁', 즉 인간이 천지만물의 생명 손상을 자신의
아픔으로 느끼면서 이들을 보살피고 양육하는 인간의 역동

적 생명성이다. 본성은 한 개체를 살려나가는 근원일 뿐만 아니라 천지만물과의 감응을 통해 그들을 살려나가는 생명의 근원이기도 하다. 따라서 인간 생명 본질의 구현, 생명주체의 실현, 천지만물의 온전한 생명 구현은 한 가지 일이 될 수밖에 없다.

4. 실천 조리를 창출하는 마음

'마음이 곧 본성心卽性'이라는 심성 일원적 체계는 바로 마음이 실천 조리를 창출할 수 있는 '심즉리'의 토대가 된다. 동시에 주희에서와 같이 마음 밖의 대상 사물에서 이理를 궁구하는 격물格物 공부는 불필요하게 된다. 앞에서 양명이 말하는 '마음이 곧 이理'라고 할 때의 이理는 '천리'와 '실천 조리'라고 하는 두 가지 뜻을 함축한다고 하였다. 여기서는 두 번째 뜻에 대해 살펴보도록 하겠다.

(문인이) 또 물었다. "마음이 곧 이心卽理라고 주장하시는데, 정자는 '사물에 있는 것이 이理이다在物爲理'라고 했습니다. 어

째서 '마음이 곧 이理'라고 말씀하십니까?" 선생께서 말씀하셨다. "'사물에 있는 것이 이理이다'에서 '재在'라는 글자 앞에 마땅히 하나의 '심心'이란 글자를 첨가해야 한다. 이 마음이 물物에 있으면 이理가 된다此心在物爲理. 예를 들면 이 마음이 어버이 섬기는 데 있으면 효가 되고, 임금 섬기는 데 있으면 충이 되는 것과 같은 종류이다. … 그러므로 나는 '심즉리心卽理'를 말하여 마음과 이理가 하나라는 것을 알게 하여 곧 마음에서 공부를 하고, 밖에서 의로움義을 거두어들이지 않도록 하려고 했으니, 이것이 바로 진정한 왕도王道이다. 이것이 내 주장의 근본 취지이다『전습록』(하), 「황이방록」, 321조목.

양명은 정이程頤(호는 伊川)의 입장에 대해 반론을 제기한다. 정이는 일단 마음과 관련짓지 아니하고 "사물에 있는 것이 이理가 된다"고 하여 외재 사물에 내재된 객관적 사물의 법칙을 이理로 보고 있다. 반면 양명은 "이 마음이 물에 있으면 이理가 된다"고 하여 마음과의 관련성 속에서 물과 이理의 관계를 설명하고 있다. 나아가 그는 "이 마음이 어버이 섬기는 데 있으면 효가 된다"고 말하고 있다. 따라서 양명이 말하는 '물物'은 내 마음 밖에 존재하는 대상 사물을 의미하는 것이 아니라, '어버이 섬김事父'과 같이 인간 자신이 관계 맺는 대상과 상황에 따라 마음으로부터 발동되는 '섬김事'과 같은 구체적 실천 행위를 의미한다. 그러므로 양명이 말하는 '이理'는 대상 사물에 내재된 사물의 객관적 존재원리나 법칙을 의미하는 것이 아니라, 내가 대상과 관계 맺는 과정 속에서 마음으로부터 창출되는 구체적인 실천 행위의 '조리條理'를 의미한다고 말할 수 있다. 이에 양명은 다음과 같이 말한다.

마음은 하나일 뿐이다. 그 전체의 측은히 여기는 것으로 말하면 인仁이라 하고, 그 마땅함을 얻은 것으로 말하면 의義라 하고, 그 조리로 말하면 이理라 한다「전습록」(중), 「답고동교서」, 133조목.

여기서 이理는 '마음의 조리'로 정의된다. 따라서 실천 조리理나 실천 행위物=事는 모두 마음으로부터 창출되는 것이므로, 이들은 모두 인간의 마음 바깥에 존재하는 것이 아니며, 또한 인간 마음 밖에서 구할 수 있는 것이 아니다. 결국 실천 조리로서의 이理는 인간 마음으로부터 창출되기 때문에 '마음이 곧 이心卽理'라고 하는 일원적 체계가 성립된다.

마음이 실천 조리를 창출할 수 있는 근거는 바로 인간의 생명 본질인 유기적 생명성性에 있다.

마음의 본체體는 본성性이며, 본성은 곧 이理이다. 그러므로 어버이에게 효도하는 마음이 있으면 곧 효도의 이理가 있고, 어버이에게 효도하는 마음이 없으면 곧 효도의 이理가 없다. 임금에게 충성하는 마음이 있으면 곧 충성의 이理가 있고, 임금에게 충성하는 마음이 없으면 곧 충성의 이理가 없다. 이理가 어찌 내 마음에서 벗어나겠는가? 『전습록』(중), 「답고동교서」, 133조목.

마음의 본체로서의 '본성性'은 주자학에서와 같이 미발未發, 즉 마음이 순응해야 하는 작용성이 없는 도덕적 당위의 규범이 아니라 작용성을 지닌 마음 그 자체의 유기적 생명성이다. 따라서 본성은 인간이 마주한 상황에 따라 효도의 이理나 충성의 이理와 같은 구체적인 실천 조리로 드러나게 된다. 예컨대 『전습록』(상), 「서애록」, 3조목에서 밝힌 바와 같이, 자식이 추위에 떨고 있는 부모님을 마주하였을 때 마음으로부터 이를 안타깝게 여기고 부모님을 따뜻하게 해드리고자 하는 의지가 발동하여 부모님을 따뜻하게 해드리는 방법을 강구하고 이에 실제로 따뜻하게 해드리는 실천 행위를 수행하게 된다. 부모님을 따뜻하게 해드리고자 하는 마음, 즉 마음의 유기적 생명성(性=天理)의 발동이 바로 효의 이理로서 이는 마음이 창출하는 것이다. 부모님과 마주하기 이전부터 자식은 마땅히 부모님께 효도해야 한다고 하는 선험적 당위 규범으로서의 이理가 선재하는 것이 아니다. 부모님과 마주함으로써 비로소 마음으로부터 유기적 생명성으로서의 본성(천리)이 발현되어 상황에 부합되는 구체적인 실천 조리로서의 이理로 창출되는 것이다. 따라서 부모님께 효도하고자 하는 마음, 즉 마음의 유기적 생명성 性이 없으면 효도의 이理도 없게 되는 것이다.

지금까지 살펴본 바와 같이 '인간의 마음'은 창조적이며 역동적이고 주체적인 생명 주체이다. 양명은 객관적 사물 세계의 형이상학적 존재 원리이자 인간의 당위의 도덕적 규범으로 정의되던 주희의 천리를 인간 마음의 선험적인

'유기적 생명성'으로 전환시켰다. 이는 인간의 마음이 외재적·절대적 이理에 대한 종속 또는 규제로부터 해방됨을 의미한다. 동시에 이는 마음이 실천 조리로서의 이理를 창출할 수 있는 '창조성'과 실천 행위를 주재할 수 있는 '능동성'을 부여받은 주체적 존재가 됨을 의미한다. 이 마음이 바로 천지만물과 감응하면서 주체적으로 천지만물을 창생·양육해 가는 천지만물의 중추적 존재로서의 인간의 마음인 것이다. 따라서 양명학에서는 주자학에서와 같이 대상 사물에 나아가 이理를 궁구하는 격물格物의 과정은 불필요하게 된다. 자기 내면으로 돌아가 천지만물과 나를 분리시키는 극단적 개체 욕망(사욕)을 제거하고 창조적이고 역동적인 생명 주체로서의 유기적 생명성(천리)을 보존하는 마음공부와 실천공부만이 요구된다.

5. 마음을 바르게 하는 격물格物

'천리'와 '본성'은 인간 마음의 '유기적 생명성'이며, '이理'는 인간 마음이 창출하는 '실천 조리'라는 양명의 일원론적 체계는 주희 격물설格物說에 대한 비판으로 나아간다. 양명은 주희의 격물설이 마음과 이理를 둘로 나누는 결과를 초래한다고 다음과 같이 비판한다.

주희의 이른바 격물 운운하는 것은 사물에 나아가 그 이理를 궁구하는 데 있다. 사물에 나아가 이理를 궁구한다는 것은 각각의 개별적 사물에서 이른바 정해진 이定理를 구하는 것이다. 이것은 내 마음을 사용하여 각각의 개별적 사물에서 이理를 구하는 것으로, 마음과 이理를 둘로 나누는 것이다. 무릇 각각의 개별적 사물에서 이理를 구하는 것은 어버이에게서 효도의 이理를 구한다는 말과 같다. 어버이에게서 효도의 이理를 구한다면 효도의 이理는 과연 내 마음에 있는가, 아니면 어버이의 몸에 있는가? 가령 효도의 이理가 어버이의 몸에 있다면 어버이가 돌아가신 뒤에 내 마음에는 곧 어떤 효도의 이理도 없는 것인가? 어린아이가 우물에 빠지는 것을 보면 반드시 측은히 여기는 이理가 생기는데, 이 측은히 여기는 이理는 과연 어린아이의 몸에 있는가, 아니면 내 마음의 양지良知에 있는가? 혹은 우물 속에 따라 들어가면 안 되는 것인가? 혹은 손으로 구원할 수 있는 것인가?라는 것이 모두 이른바 이理이다. 이것이 과연 어린아이의 몸에 있는가? 아니면 과연 내 마음의 양지에서 비롯되는 것인가? 여기서 유추하면 온갖 사물의 이理가 모두 그렇지 않음이 없다. 따라서 마음과 이理를 둘로 나누는 것은 잘못되었음을 알 수 있다

「전습록」(중), 「답고동교서」, 135조목.

주희에 있어 '이理'는 사물의 규율이나 법칙, 또는 원리이자 동시에 도덕 원칙으로 평가된다. 사물의 규율이라는 입장에서 보았을 때, 이理는 어떤 사물이 생성되지 않았을 때에도 이미 존재하는 것으로 영원히 존재하며 바뀔 수 없는 것으로 규정된다. 따라서 주희에 있어 격물은 구체적 대상 사물에 나아가 사물에 내재된 이理, 즉 물리物理를 궁구하는 인식 방법으로 설명되며, 이 과정에서 마음은 대상 사물 속에 내재된 이理를 파악할 수 있는 인식 능력으로 평가된다. 따라서 주자학에 있어 마음과 이理는 둘로 나뉘는 이원적 구조를 지니게 된다.

반면 양명학에 있어 '이理'는 대상 사물에 내재된 존재 근

거 또는 변하지 않는 원리를 의미하지 않는다. 인간 자신이 어버이와 같은 대상과 마주하거나 어린아이가 우물에 빠지는 상황에 직면하게 되었을 때, 효도나 측은함과 같이 나의 마음으로부터 대상을 향해 창출되는 실천 행위의 구체적 실천 조리를 의미한다. 따라서 마음과 이理는 주희와 같이 둘로 나뉘는 것이 아니라, '마음이 곧 이理'인 일원적 구조를 지닌다. 이러한 일원적 체계를 바탕으로 양명은 대상 사물에 나아가 이理를 궁구한다고 하는 주희의 향외적 격물설을 반대하고 있는 것이다.

이러한 비판을 바탕으로 양명은 새로운 격물설을 제창한다. 일반적으로 '물物'은 천지 사이에 놓여 있는 구체적인 객관 사물을 의미한다. 주희 철학에서도 '물'은 천지·일월·산천·초목과 같은 객관적인 물질 실체를 가리킬 뿐만 아니라, 인류의 활동, 사람의 사유 방법과 생각까지를 모두 포괄한다. 즉, 인간의 사유 대상이 되는 모든 것이 '물'의 범위에 포함된다. 따라서 물은 마음 밖에 존재한다. 그러나 양명은 다음과 같이 '물物'을 새롭게 정의한다.

몸을 주재하는 것이 바로 마음이고, 마음이 발한 것이 의념이며, 의념의 본체가 바로 지知이고, 의념이 있는 곳이 바로 물物이다. 만약 의념이 부모를 섬기는 데 있다면 부모를 섬기는 것이 바로 하나의 물이고, 의념이 임금을 섬기는 데 있다면 임금을 섬기는 것이 바로 하나의 물이며, 의념이 백성을 어질게 대하고 사물을 사랑하는 데 있다면 백성을 어질게 대하고 사물을 사랑하는 것이 바로 하나의 물이며, 의념이 보고 듣고 말하고 움직이는 데 있다면 보고 듣고 말하고 움직이는 것이 바로 하나의 물이다 『전습록』(상), 「서애록」, 6조목.

몸을 주재하는 행위 주체인 마음은 천지만물과의 유기적 관계성 속에서 자신의 영명한 자각自覺 작용을 통해 자신을 드러낸다. 마음의 영명한 자각 작용은 자신이 관계 맺는 구체적 대상에 따라 다양한 '의지意'로 표출된다. 그리고 이 의지는 대상에 대한 구체적 '실천 행위物'로 표출된다. '의지'는 어떠한 대상이나 상황과 마주하였을 때 마음으로부터 발동되는 '지향성'이다. '지知'는 마주한 사태에 대해 시비를 판단하고 방향성을 제시하는 마음의 '영명한 자각 능력'이다. '실천 행위物'는 마음의 주재 아래 이루어지는 '몸의 작용'이다. 이들은 모두 마음으로부터 전개되는 일련의 생명 창출 과정이다. 양명이 말하는 '격물格物'의 '물物'은 '임금 섬김', '어버이 섬김', '백성을 어질게 대함', '보기 듣기 말하기 움직이기' 등과 같은 실천 행위를 의미한다. 대상과의 관계성 속에서 마음에 의해 발동된 의지에 의해 이루어지는 구체적인 실천 행위가 바로 '물'이다.

양명은 "마음 밖에 물이 없다心外無物. 예컨대 어버이에게 효도하려는 생각이 발동하였다면, 어버이에게 효도하는 것이 물物이다"『전습록』(상), 「육징록」, 83조목라고 주장한다. 양명에게 있어 '물'은 마음 밖에 존재하는 객관 사물을 포함한 사유 대상을 의미하는 것이 아니라, 마음으로부터 발동되는 의지에 의해 추동되는 구체적 실천 행위를 의미한다. 따라서 '마음'과 '물'은 주희에서와 같이 주·객으로 이분되는 것이 아니라, 마음에 의해서 '물'이 창조되는 '심외무물心外無物'의 관계로 통합된다.

그렇다면 양명이 말하는 '격물'이란 무엇을 의미하는 것일까? 양명은 격물에 대해 다음과 같이 언급하고 있다.

'격格'이란 바로잡는다正는 것이다. 그 바르지 못한 것을 바로
잡아 바른 것으로 돌이키는 것을 말한다正其不正以歸於正. 「전습록」
(상), 「육징록」, 86조목.

격물格物은 『맹자』의 "대인이 임금의 마음을 바로잡는다大人格君
心"고 말할 때의 格과 같은 것으로, 마음의 바르지 못함을 제
거하여 그 본체의 바름을 온전히 하는 것이다. 다만 의념이 있
는 곳에서 바르지 못함을 제거하여 그 바름을 온전히 하고자
하는 것은 언제 어디서나 천리를 보존하지 않음이 없는 것이
고, 그것이 바로 이치를 다하는 것窮理이다「전습록」(상), 「서애록」, 7조목.

'격格'이란 바로잡는다正는 것이다. 그 부정한 것을 바로잡아
바른 것으로 돌이키는 것을 말한다. 그 부정한 것을 바로잡
는다는 것은 악을 제거하는 것去惡을 의미하며, 바른 것으로
돌이킨다는 것은 선을 행하는 것爲善을 의미한다. 대저 이것
을 격格이라고 한다「전집」, 권26, 「대학문」.

'격물'의 '물物'은 '사事'를 의미하는바, 대상과의 관계성 속

에서 발동된 의지에 의해 이루어지는 구체적인 실천 행위를 의미한다. 그리고 '격格'은 '정正'을 의미한다. 격물은 실천상에 있어 "부정한 것을 제거하여 바른 데로 복귀시킨다"는 의미이다. '부정한 것의 제거'는 '거악去惡'을 의미하고 '바른 데로의 복귀'는 '위선爲善'을 각기 의미한다. '위선거악'하는 실천 행위가 바로 '격'이다.

'격물'은 마음으로부터 사욕을 제거하여 마음의 생명 본질인 순수지선한 본성, 즉 천리를 회복하는 것이다. 본성은 유기적 생명성이기 때문에, 본성의 회복은 단지 본성을 회복하는 단계만이 아니라 본성의 발현으로서의 '실천 조리의 창출'과 더불어 '선한 실천 행위로의 이행'을 모두 포함한다. 양명은 주희의 향외적 이치 탐구의 방법인 격물을 주체 자신의 향내적인 실천 공부로 전화시키고 있는 것이다.

양명이 말하는 격물의 귀결처는 어디인가?

내가 말하는 치지격물致知格物은 내 마음의 양지를 각각의 사물에 실현하는 것이다. 내 마음의 양지가 바로 이른바 천리이다. 내 마음 양지의 천리를 각각의 사물에 실현하면 각각의 사물이 모두 그 이理를 얻게 된다. 내 마음의 양지를 실현하는 것이 치지이고, 각각의 사물이 모두 그 이理를 얻는 것이 격물이다「전습록」(중), 「답고동교서」, 135조목.

'격물'은 바로 내 마음의 유기적 생명성인 '양지=천리'의 실현을 의미함과 동시에 천지만물로 하여금 온전한 생명을 구현토록 하는 것을 의미한다. 따라서 '격물'은 자·타, 주·객, 내·외로 분화시키는 인간의 극단적 개체 욕망(사욕)을 제거하고 유기적 생명성(천리=본성=양지)을 회복함으로써 천지만물의 생명을 온전하게 유지하기 위한 실천 조리의 창출은 물론 실제적인 실천 행위로의 전개 과정 모두를 포함한다.

양명이 '성性', '이理', '물物' 등의 개념을 주희와 다르게 정의하면서까지 주희의 이원론적 체계와 격물설을 비판한 이유는 다음과 같은 데서 찾아볼 수 있다. 양명에 있어 천지만물은 끊임없이 생명을 창출하고 전개하는, 즉 자기-조직화生生不息하는 하나의 역동적 생명체로 파악된다. 그래서 만일 일정한 법칙과 규범을 미리 정형화하고 이러한 정리定理로서 마음을 얽어매면 인간은 천지만물의 변화와 창출 과정을 제대로 감지할 수 없다. 뿐만 아니라 오히려 천지만물을 미리 설정된 틀(정리) 안에 가두어 재단함으로써 이들의 무한한 생명력을 질곡시키는 결과를 초래하게 된다. 여기서 양명이 주희의 이원론적 체계가 지니는 정리론과 격물설을 비판한 동기를 발견할 수 있다. 즉, 인간은 당위의 규범과 같은 정리에 얽매이지 말고 끊임없이 변화하는 천지만물의 유기적인 관계망 안에서 만물과 감응하면서 이들의 생명의 온전성 여부를 정확하게 자각적으로 판단해야 한다. 그리고 이러한 판단에 근거하여 실천 조리와 실천 행위를 창출함으로써 천지만물의 생명 창출 과정에 긍정적으로 참여해야 한다. 이를 위해 양명은 인간의 마음을 단지 형이상학적 이理의 담지자 또는 이理에 대한 인식 능력으로 국한시키지 않는다. 마음은 천지만물과 한몸이 될 수 있는 '유기적 생명성'(성=천리)과 실천 조리를 창출할 수 있는 '창조성'과 자신의 신체를 주재하여 실천 행위를 이끌어내는 '역동성'을 지닌 생명의 주체이다. 여기서 '마음이 곧 성心即性'이며 '마음이 곧 이心即理'라는 심즉리설의 본질적 의미를 찾을 수 있다.

5장

양지론 1 - 양지의 생명 창출

37세에 처음으로 '심즉리설'을 제창한 양명은 50세 때 이르러 '치양지설致良知說'을 제창하면서 "근래 치양지 세 자야말로 참으로 성인 문하의 바른 진리의 눈이 간직되어 있는 곳임을 믿게 되었다. 지난날에는 아직도 의문이 완전하게 없어지지 않았으니 여러 일을 경험한 지금에 이르러서는 이 양지만이 완전하여 부족함이 없음을 알게 되었다"고 선언한다. '심즉리설'에서 출발한 양명의 심학사상은 '치양지설'에 이르러 비로소 완전한 경지에 이르렀다고 말할 수 있다. 심즉리설이 양명심학의 씨앗이라면 치양지설은 양명심학의 결실이다.

『전집』, 권8, 「서위사맹권」의 기록에 의하면, 양명은 마음의 양지를 '성聖'이라 하고 양지를 회복하여 적극적으로 발휘하고 실현하는 사람이 '성인聖人'이라고 단언한다. 그리고 성인이란 인류 최고의 모범이며 성인이 되는 '치양지학致良知學'은 최고의 학문이라고 주장한다. 양지는 인간이면 누구나 성인이 될 수 있는 바탕이라면, 이러한 양지의 실현은 곧 성인됨을 의미한다. 성인이 되기 위한 양지 실현의 구체적 방안들이 무엇인지 알아보기 전에, 먼저 '양지'가 무엇인지에 대해 살펴보자.

총 342개 조목으로 구성된 『전습록』 가운데 '양지'라는 말을 직접적으로 언급하고 있는 조목만 하더라도 93개 조목에 해당한다. 물론 직접 양지를 언급하지는 않지만 양지에 대해 말하고 있는 조목은 훨씬 더 많다. 양지는 언급되는 상황에 따라 각기 다양한 의미와 내용을 함축하고 있다. 따라서 "양지는 바로 ~이다"라는 한마디 말로 정의하기가 쉽지 않다. 5장과 6장에서는 양지의 다양한 특성들에 대해 살펴볼 것이다.

1. 양지의 보편성과 선천성

양명은 인간은 누구나 성인이 될 수 있는 바탕으로서의 '양지'를 내재하고 있다고 다음과 같이 말한다.

양지양능良知良能은 어리석은 지아비와 어리석은 지어미나 성인이 똑같다「전습록」(중), 「답고동교서」, 139조목.

무릇 양지가 바로 도道이다. 양지가 사람의 마음에 있는 것은 비단 성인과 현인뿐만이 아니라 보통 사람일지라도 역시 마찬가지다「전습록」(중), 「답육원정서」, 165조목.

양지가 사람 마음에 있는 것은 성인과 어리석은 자의 구분이 없으며, 천하 고금이 다 동일하다「전습록」(중), 「답섭문울」, 179조목.

성인만이 아니라 보통 사람들, 더욱이 어리석은 사람들조차도 태어나면서부터 양지를 선천적으로 내재하고 있다는 것이다. 양지는 특정한 신분 계층 또는 선천적으로 우수한 기질을 소유한 특수한 사람만이 지니는 것이 아니다. 양지는 모든 인간에 대해 선천적이고 보편적인 '내재성'을 지닌다. 따라서 양지는 인간이라면 누구나 신분적 · 계급적 위계질서와 선천적 기질상의 등급을 뛰어넘어 참된 인간상으로서의 성인이 될 수 있는 근거가 되는 것이다.

> 양지가 사람의 마음 가운데 있다는 것은 아주 오랜 시간과
> 전 우주 공간을 통틀어 같지 않음이 없다「전습록」(중), 「답구양숭일」,
> 171조목.

양지의 보편적인 선천적 내재성은 시간상으로 어느 한 시기에 국한되는 것이 아니라 인류가 탄생한 이래 지금까지 동일하게 지속되는 것으로서 역사적 '보편성'과 '영속성'을 지닌다. 우주 진화의 소산물로서의 인간은 의식과 지능을 지닌 최초의 존재로서, 자신의 영명성을 통해 천지만물의 생명의 전모를 자각적으로 파악하고 천지만물의 생명 본질에 근거하여 천지만물을 주체적 · 능동적으로 끊임없이 창출시켜나가는 존재이다. 이러한 인간 마음의 영명성

이 바로 '양지'이다. 따라서 양지는 인류가 탄생한 이래 인간의 개체성과 역사적 한계성을 초월하여 인간 누구나 내재하는 역사적 보편성을 지닌다고 볼 수 있다.

그렇다면 모든 인간이 선천적으로 양지를 내재하고 있음에도 불구하고 어떠한 이유에서 현실 속에서는 성인·현인, 보통 사람, 어리석은 사람과 같은 다양한 층차로 나타나게 되는 것일까? 양명은 "다만 성인은 그 양지를 실현할 수 있고, 어리석은 지아비와 어리석은 지어미는 실현할 수 없을 뿐이다. 이것이 성인과 어리석은 자가 나누어지는 원인이다"「전습록」(중), 「답고동교서」, 139조목라고 하여, 양지의 실현 여부에 따라 다양한 층차로 나타나게 된다고 하면서 다음과 같이 말한다.

양지는 원래 순수하고 밝은 것이다. 예를 들어 어버이에게 효도할 경우에 태어나면서부터 알고 편안히 행하는 사람生知安行者은 이 양지에 의거하여 실제로 착실하게 효도를 다할 따름이다. 배워서 알고 이롭게 여겨서 행하는 사람學知利行者은 단지 때때로 반성하고 각성하여 이 양지에 의거하여 효도를 다하고자 힘쓸 따름이다. 애써서 알고 힘써서 행하는 사람困知勉行者은 가리고 막힌 것이 이미 깊어서 비록 이 양지에 의거하여 효도하고자 하더라도 다시 사욕에 막혀서 하지 못한다. 반드시 '다른 사람이 한 번 행할 때 자신은 백 번 행하고, 다른 사람이 열 번 행할 때 자기는 천 번 행하는 노력'을 해야만 비로소 이 양지에 의거하여 효도를 다할 수 있다「전습록」(하), 「황성증록」, 291조목.

인간 모두가 선천적으로 양지를 지니고 있는 것은 명백한 사실이나, 후천적으로 극단적 개체 욕망(사욕)에 의한 양지의 차폐 정도에 따라 '성인生知安行者', '보통 사람學知利行者', '어리석은 사람困知勉行者'으로 나누어진다는 것이다. 그러나 여기서 중요한 점은 현실적으로 나타나는 이러한 층차가 고정 불변한 신분상의 위계질서를 의미하는 것이 아니며, 또한 성인 이하의 사람들이 영원히 성인이 될 수 없음을 의미하는 것도 아니라는 것이다. 기질에 따른 개체 욕망에 의한 양지 차폐의 정도에 차이가 있다 하더라도 인간은 누구나 현실적인 삶의 장 한가운데서 개체 욕망을 제거하고 선천적 양지를 회복하여 양지의 판단에 따라 실천하는 끊임없는 노력을 통해 기질상의 차등을 극복하고 성인이 될 수 있는 것이다. 이에 양명은 다음과 같이 말한다.

인간 개개인의 양지는 본래 성인과 동일하기 때문에 누구나 자기의 양지를 명백하게 체인體認한다면 성인의 기상은 성인에게 있는 것이 아니라 각자에게 있는 것이다「전습록」(중), 「답주도통서」, 146조목.

개체 욕망을 제거하고 양지를 실현하고자 하는 후천적인 노력에 있어 차이가 있을 뿐, 양지 실현의 귀결처는 보통 사람이나 어리석은 사람이라 하더라도 성인과 다름이 없게 된다. 그리고 이러한 귀결처의 바탕은 마음 밖에 있는 것이 아니라 바로 인간은 누구나 선천적으로 양지를 내재하고 있다는 사실에서 기인한다.

2. 감응 주체인 양지

인간이 천지만물의 마음이 될 수 있는 토대, 그리고 천지 만물과 감응할 수 있는 근거는 모두 '양지' 하나로 귀결된 다. 천지는 만물을 끊임없이 창생·양육하는 생생불식生生不 息의 자기-조직성을 내포한다. '도道'는 바로 이러한 하늘의 자기-조직성道卽天임과 동시에 천지만물의 중추로서의 인 간의 마음에 내재되어 있는 생명의 본질적 속성心卽道이기도 하다. 이러한 도를 매개로 하여 천지만물과 인간은 하나의 생명체로 연결될 수 있는 계기를 마련한다.

이러한 일원적 체계를 바탕으로 양명은 『전습록』(상), 「육 징록」, 265조목에서 "도가 곧 양지"라 하여 도를 양지로 규 정하면서 「대학문」에서 다음과 같이 말한다.

양지는 맹자의 이른바 시비지심是非之心은 사람마다 모두 지 니고 있다는 것이다. … 이는 곧 하늘이 부여한 본성으로서 내 마음의 본체이니 자연히 영명하고 밝아서 환하게 깨닫는 것이다「전집」, 권26, 「대학문」.

108

양지는 '하늘이 부여한 인간의 본성'이라는 것이다. 따라서 양지는 천지만물의 생명 본질에 근원하며, 하늘의 자기-조직성으로서의 도가 바로 인간 마음에 있어서의 양지이다. 양지는 생명의 본질적 속성을 함축함과 동시에 인간과 천지만물을 하나의 유기적인 생명체로 연결해주는 실제적인 생명력이기도 하다.

인간은 생명의 그물망 속에서 수많은 존재물(만물)과 유기적인 관계를 맺고 있다. 인간의 마음은 만물과 괴리·고립된 채 홀로 존재하거나 만물과 무관하게 주관적으로 작용하는 것이 아니라 반드시 천지만물과의 감응 과정을 통해 시비를 판단해나간다. 이러한 천지만물과의 유기적인 관계성 속에서 이루어지는 인간 마음의 감응 주체가 바로 '양지'이다.

대저 사람은 천지의 마음이다. 천지만물은 본래 나와 한몸이므로, 살아 있는 존재물들의 고통은 무엇인들 내 몸에 절실한 아픔이 아니겠는가? 내 몸의 아픔을 알지 못하는 것은 시비지심이 없는 자이다. 시비지심은 생각하지 않더라도 알고

배우지 않더라도 능한 것이니, 이른바 양지이다『전습록』(중),「답
섭문울」, 179조목.

다른 존재물들의 아픔과 고난을 인간 자신의 아픔과 고
난으로 느낄 수 있는 것은 바로 인간이 '시비지심'을 지니기
때문이다. 시비지심은 생각하지 않더라도 알고 배우지 않
더라도 능한 선천적 양지이다. 따라서 양지는 천지만물과
의 감응을 통해 그들의 생명의 온전성에 대한 시비, 즉 생
명을 온전하게 유지하고 있을 때는 '옳게' 그리고 생명이 손
상되었을 때는 '그르게' 판단한다. 양지는 나아가 이들의 생
명이 손상될 때 아픔을 느끼는 '통각의 주체'로서, 인간 마
음의 선천적인 '자각적 판단력'이자 '유기적인 생명력'이라
고 말할 수 있다.

　양명은 이러한 양지를 통해 천지만물과 감응하면서 하나
의 생명체를 이룬다고 다음과 같이 주장한다.

　사람의 양지는 곧 풀·나무와 기와·돌의 양지이다. 만일
　풀·나무와 기와·돌은 사람의 양지가 없다면, 풀·나무와 기

와·돌이 될 수 없다. 어찌 풀·나무와 기와·돌만이 그러하

겠는가? 천지도 사람의 양지가 없다면, 또한 천지가 될 수 없

다. 천지만물과 사람은 본래 한몸이니, 그 발동하는 감각 기

관 중에 제일 정묘한 곳은 바로 사람 마음의 한 점 영명함이

다. 바람·비, 이슬·우레, 해·달, 별·성좌, 새·짐승, 풀·나

무, 산·시내, 흙·돌은 모두 사람과 본래 한몸일 뿐이다「전습

록」(하), 「황성증록」, 274조목.

여기서 인간의 양지는 식물이나 무생물 같은 천지만물의

양지로 규정되고 있다. 물론 이러한 주장은 인간 이외의 존

재물들도 양지를 내재하고 있는 것처럼 오인하게 할 수 있

다. 그러나 천지만물의 중추로서의 인간만이 천지만물의

생명의 전모를 자각할 수 있는 영명성靈明性, 즉 양지를 지니

고 있다. 따라서 인간의 영명한 마음인 양지를 전제로 해서

만 천지만물의 부분으로서의 동·식물 또는 무생물과 같은

여타 존재물들의 생명 존재와 의미가 자각될 수 있다. 자각

되어지는 입장에서 바라보면, 이는 천지만물의 한 부분으

로서의 자신의 생명 본질이 파악됨과 동시에 생명 가치가

부여되는 것이다. 그러므로 식물이나 무생물 나아가 우주는 인간의 양지가 없으면 생명의 전모가 자각적으로 파악될 수 없을 뿐만 아니라, 생명 가치 또한 부여받지 못한다.

결국 양지는 인간만이 지니는 것이며, 인간은 영명한 양지를 매개로 자신이 속한 천지만물의 생명의 본질을 자각한다. 이로써 인간은 천지만물의 존재물들에게 생명의 본질적 가치를 부여함과 동시에 이를 계기로 천지만물을 새롭게 창출·양육시켜나갈 수 있는 기반을 마련한다. 따라서 인간의 양지는 단지 선험적인 도덕지나 인식지의 범주에 한정되는 것이 아니라, 전 우주적 차원의 '총체적인 우주정신' 또는 '총체적 우주생명력'으로 확대될 수 있다.

3. 양지의 창출성

천지만물의 생명 본질은 역동성과 항동성을 바탕으로 끊임없이 만물을 창생·양육하는 '자기-조직성'에 있기 때문에, 이러한 끊임없는 자기-조직화 과정에 있어 한순간이라도 중단이 있다면 이는 곧 '죽음'을 의미한다. 따라서 천지만물과의 감응 주체로서의 인간의 양지 또한 중단 없는 '역동성'을 토대로 천지만물의 변화를 감지하고 이에 대응할 수 있어야 한다. 이에 양명은 다음과 같이 인간의 양지에 끊임없는 '역동성'을 부여한다.

> 천지 사이에 활발발活潑潑한 것은 이 이理 아닌 것이 없으니, 곧 나의 양지가 유행하여 쉬지 않는 것이다『전습록』(하), 「황수역록」, 330조목.

다만 역동적 양지의 발용과 유행은 무작위적으로 이루어지는 것이 아니라 천지만물의 변화에 순응하면서 작용하는 것임을 양명은 다음과 같이 밝히고 있다.

> 밤이 오면 천지가 어둑하여 형체와 색깔이 모두 없어지며, 사람도 보고 듣는 것이 없어서 여러 감각 기관이 모두 닫히게 된다. 이것이 곧 양지가 거두어들여져서 하나로 집중되는 때이다. 천지가 열리면 만물이 드러나고 사람도 보고 듣는 것이 있어서 여러 감각 기관이 모두 열리게 된다. 이것이 곧

양지의 오묘한 작용이 발생하는 때이다. 여기서 사람의 마음
과 천지가 한몸임을 알 수 있다「전습록」(하), 「황성증록」, 267조목.

낮과 밤에 관련하여 비유한다면, 낮에는 모든 존재물이
발용·유행하는 것과 같이 양지 또한 모든 기관을 활용하
여 발용·유행하고, 밤에는 모든 존재물이 적막 속에 들어
가듯 양지 또한 발용·유행을 중단하고 거두어들여져서 하
나로 집중된다. 따라서 양지는 무작위적으로 작용하는 것
이 아니라 천지만물의 변화에 따라 작용함으로써 인간의
마음과 천지가 한몸일 수 있도록 하는 역할을 담당한다는
것이다.

이러한 양지의 천지만물의 변화에 대한 '순응성'은 인위
적인 고정된 틀에 종속되지 않는 인간의 '주체성'과 '창출성'
의 토대가 된다. 이에 양명은 다음과 같이 말한다.

양지는 곧 역易이니, 그 도道 됨은 변화하고 움직여서 일정한
데 머물러 있지 않고, 천지사방을 두루 돌아다니어 위에 있
는지 아래 있는지 일정하지 않으며, 강함과 부드러움이 서로

바뀌어 일정한 표준을 정할 수 없다. 오직 변화에 따라갈 뿐이다『전습록』(하), 「황이방록」, 340조목.

성誠은 실리實理이며, 다만 하나의 양지일 뿐이다. 성인은 다만 그 기미를 알아서 변화를 당하더라도 소통할 수 있을 뿐이다. 양지는 과거나 미래가 없고 다만 현재의 기미만을 알아서 한 가지를 알면 백 가지를 알게 된다『전습록』(하), 「황성증록」, 281조목.

양지는 고정된 법칙이나 표준화된 격식에 얽매이지 않는 '역易', 즉 변화의 속성을 지닌다. 또한 양지는 이전의 지식과 판단에 얽매이는 것이 아니라 자신 앞에 전개되는 상황의 기미를 알아서 변화된 상황에 대처해나간다고 말할 수 있다. 양지의 감응 대상인 천지만물 자체가 끊임없이 변화하기 때문에 감응 주체인 양지 또한 천지만물의 변화에 따라 끊임없이 변화하면서 생명의 온전성에 대한 시비의 준칙을 새롭게 설정함과 아울러 시비판단을 새롭게 할 수밖에 없는 것이다. 따라서 양지의 역동성은 곧 시비준칙을 새롭게 창출하는 양지의 '창출성創出性'의 바탕이 된다.

양지는 단순히 주어진 체계 속에서 수동적으로 이끌려
가거나 고정된 격식과 원칙에 얽매여 있는 것이 아니다.
양지는 우주의 변화하는 생명 현상 아래 천지만물과의 감
응을 통해 스스로 끊임없이 판단 준거를 새롭게 창출함은
물론, 이를 바탕으로 변화된 상황에 가장 타당한 판단을 내
린다고 하는 측면에서 이를 양지의 '창출성'이라 이름할 수
있다.

양지가 창출성을 지녀야 하는 근본적인 이유는 양명의
다음과 같은 비유 속에서 찾아볼 수 있다.

의義는 곧 양지니, 양지가 두뇌라는 것을 알면 바야흐로 집착
이 없게 된다. 예를 들어 사람이 보내준 선물을 받는 경우 또
한 오늘은 마땅히 받아도 되나 다른 날에는 마땅히 받아서는
안 되는 경우가 있으며, 또한 오늘은 마땅히 받아서는 안 되
나 다른 날에는 마땅히 받아도 되는 경우가 있다. 네가 만일
오늘 마땅히 받아도 되는 것에 집착하여 일체를 받으며 오늘
마땅히 받아서는 안 되는 것에 집착하여 일체를 받지 않는다

면, 이는 곧 어느 한쪽에만 마음을 전적으로 기울이는 것으로 양지의 본체가 아니니, 어떻게 의義라고 부를 수 있겠는가?『전습록』(하), 「황성증록」, 248조목

일반적으로 사람들은 고정된 격식과 표준화된 법칙의 틀 안에 갇혀 살아간다. 그래서 일정한 기준과 경험에 근거하여 이러이러한 상황에서는 선물을 꼭 받아야 한다고 하거나 또는 반대로 선물을 받아서는 안 된다고 단정하고 이에 준하는 행동만을 고집한다. 이는 '집착'으로서 인간은 이러한 집착으로 인해 항상 새롭게 전개되는 상황을 있는 그대로 감지하지 못할 뿐만 아니라 새로운 상황에 부합되는 행동을 하지 못하게 되는 것이다. 이것은 오히려 역동적인 양지의 창출성을 질곡시키는 결과를 초래하게 된다. 우주가 결정론적인 인과 법칙에 따라 순환 반복하는 물리적 기계가 아니라 하나의 유기적인 생명체라고 할 때, 완전히 동일한 사건은 반복해서 발생하지 않는다. 모든 사건과 현상은 복합적인 전체성의 유기적 관계망 안에서 발생하고 또한 수많은 요소가 끊임없이 개입되기 때문에 시간의 흐름 속

에서 발생하는 사건들은 어느 것도 동일할 수 없다. 그럼에
도 불구하고 인간은 그 사건과 현상 속에서 보이는 보편적
인 특성과 요소들을 가지고 이를 이론화하고 법칙화한다.
그리고 이후에 발생한 사건을 미리 설정된 보편적 법칙과
이론에 맞추어 재단함으로써 오히려 천지만물의 생명을 질
곡시키는 폐단을 야기한다. 역동적 양지의 '창출성'은 인간
스스로 끊임없이 변화하는 천지만물과의 감응을 통해 새롭
게 발생하는 상황에 부합되는 시비판단의 준거를 항상 새
롭게 설정하고 이에 대응할 수 있게 한다. 그럼으로써 기존
의 보편성이나 고정 관념의 질곡으로부터 인간을 해방시켜
줌은 물론 천지만물의 창생·양육 과정에 주체적·긍정적
으로 참여할 수 있는 계기를 마련해준다.

　양지의 창출성은 판단 준거를 새롭게 설정하는 단계에
머무는 것이 아니라 보다 적극적으로 생명을 새롭게 창출
시켜나가는 것으로 정의된다. 양명은 "양지란 하늘이 심어
준 영특한 뿌리로서 스스로 낳고 낳아 쉬지 않는다"「전습록」
(하), 「황수역록」, 244조목고 하면서, 다음과 같이 말한다.

양지는 조화造化의 정령精靈(빼어나고 영묘한 우주의 혼)이다. 이 정령은 하늘을 낳고 땅을 낳으며, 귀신을 만들고 제帝를 만드니, 모든 것이 이로부터 나온다. 진실로 만물과 대립되지 않는다「전습록」(하), 「황성증록」, 261조목.

양명은 하늘을 양지의 근원처로 보면서 양지에 생명의 창생·양육의 창출성을 부여하고 있다. 이러한 생명 창출성으로서의 양지를 '조화의 정령'으로 규정하고 있는 것이다. 우주의 생명 현상은 부단한 자기 전개를 통한 '되어감의 과정'이라 말할 수 있으며, 인간의 양지는 이러한 되어감의 과정 안에서 자신의 판단과 행동을 통해 천지만물의 끊임없는 창생·양육 과정에 주체적으로 참여해나가야 한다. 이는 양지의 독단적인 판단이나 행위를 통해 가능한 것이 아니라, 천지만물과의 끊임없는 감응을 통해 이루어진다. 즉, 항상 새롭게 펼쳐지는 천지만물의 창생·양육 과정에 언제나 새롭게 감응하고 주체적으로 참여해야 한다. 그래야만 천지만물이 건강하고 온전하게 창생·양육될 수 있도록 도울 수 있는 것이다. 인간은 천지만물과 주·객으로 이원화되어 있는 것이 아니라 총체적인 천지만물의 중추적 존재이다. 따라서 인간의 주체적 참여를 통해 전개되는 천지만물의 창생·양육 과정은 인간 자신의 생명의 창출·전개 과정이라고도 말할 수 있다.

이러한 바탕 위에 양명은 보다 적극적으로 인간의 양지를 천지만물을 생성하고 구성하는 시스템으로서의 '태허太虛'와 동일한 것이라 주장하면서, 양지의 천지만물 '창출성'을 다음과 같이 설명하고 있다.

> 양지의 허虛란 하늘의 태허太虛이고, 양지의 무無란 태허의 무형無形이다. 해·달·바람·우레·산·냇물·백성·만물 같은 모양과 형색을 지니고 있는 것들은 모두가 태허의 무형 속에서 발용하고 유행하지만 일찍이 하늘의 장애가 되지 않았다. 성인은 다만 그 양지의 발용을 따르므로 천지만물은 모두 내 양지의 발용과 유행하는 가운데 있는 것이니, 어찌 일찍이 또한 한 가지 물物이라도 양지 바깥에 초연히 있으면서 장애가 되는 일이 있겠는가?『전습록』(하), 「황성증록」, 269조목.

구체적으로 형상화되지 않은 공허한 태허로부터 모든 만물이 형상화되고 유행한다는 것은 우주 자체가 끊임없이 자기-창출의 과정을 거쳐 스스로 자기-조직하는 과정에 놓여 있음을 의미한다. 우주가 태허로부터 모든 만물을 창출하는 자기-조직화 과정에서 인간은 방관자가 아닌 주체적인 창출자이다. 즉, 천지만물의 중추적 존재로서의 인간은 양지의 영명성을 바탕으로 천지만물의 생명의 전모를 자각적으로 판단한다. 그리고 천지만물과의 유기적 그물망 안에서 자신의 역동성과 창출성을 통해 천지만물의 자기-조직화 과정을 주체적으로 이끌어간다. 따라서 양명은 "양지의 발용에 순응하면 천지만물은 모두 나의 양지가 발용·유행하는 가운데 있게 되므로 어떠한 존재물도 양지로부터 벗어나지 않는다"고 결론 맺고 있는 것이다.

6장
양지론 2 – 양지의 유기적 생명성

양지는 천지만물의 생명 본질에 근거한 인간의 생명 본질로서, 천지만물과의 '감응력'과 생명의 '창출성'을 지닌 인간의 유기적인 생명성이자 생명력이다. 인간은 이러한 양지의 감응력과 창출성을 바탕으로 천지만물의 자기–조직화 과정, 즉 천지의 만물 창생·양육 과정을 주체적·능동적으로 이끌어가는 적극적인 역할을 담당할 수 있다. 여기서는 인간의 유기적 생명성으로서의 양지와 관련된 『전습록』의 내용을 중심으로 '시비준칙과 시비판단력', '영명한 자각성', '항동성', '수시변역성' 등 양지의 다양한 함의와 속성들에 대해 살펴보고자 한다.

1. 생명의 온전성에 대한 시비준칙

먼저 '양지'는 '자가준칙自家準則', '시비지심是非之心', '커다란 표준大規矩', '규구規矩·척도尺度', '도道', '밝은 스승明師', '시금석試金石', '지남침指南針' 등으로 다양하게 정의된다. 이러한 용어들은 시비와 선악 및 진위의 '판단 준거' 및 방향을 지시하는 '지향성'의 의미를 내포한다. 양지는 먼저 '시비준칙' 및 '시비판단력'과 밀접한 관련성이 있다. 양명은 양지가 시비와 진위의 판단과 관련이 있다고 다음과 같이 말한다.

그대가 갖고 있는 한 점의 양지는 그대 자신의 준칙이다. 그대의 의념이 붙어 있는 곳에서 그것은 옳은 것을 옳은 것으로 알고 그른 것을 그른 것으로 아니, 다시 조금이라도 속일 수 없다「전습록」(하), 「진구천록」, 206조목.

이 사소한 것(양지)을 투철하게 이해한다면 아무리 그가 천 만 마디의 말을 하더라도 그 말의 옳고 그름是非과 진실하고 거짓됨眞僞은 그 앞에 이르기만 하면 곧 분명해진다. 양지에 부합하는 것은 곧 옳은 것이고, 부합하지 않는 것은 곧 그른 것이다. 마치 불가에서 말하는 심인心印과 비슷하니, 참으로 하나의 시금석이자 지남침이다『전습록』(하), 「진구천록」, 208조목.

양지는 인간 자신의 내면으로부터 발동하는 의념과 타인의 언설에 대한 시비와 진위를 판단하는 '준칙'으로 정의된다. 양지는 일단 인간 마음에 내재화되어 있는 '시비판단의 준칙'이라고 말할 수 있다. 따라서 시비와 진위를 판단하는 준거는 마음 밖에 있지 않다. 그러나 양지는 단지 시비를 판단하기 위한 준칙이라는 단계에 머물지 않는다. 양지는 인간 자신의 의념과 타자의 말에 대한 옳고 그름과 진실하고 거짓됨을 판단하는 '판단력'까지 포함한다. 따라서 양지는 '시비준칙'과 '시비판단력'이라는 두 측면을 하나로 통합한다.

시비준칙과 시비판단력이 양지 하나로 통합된다고 하는 것은 다음과 같은 두 가지 측면의 중요한 의미를 지닌다. 첫째, 시비준칙의 내재화로 인한 '주체성'과 '창출성'이다. 양지는 마음의 본체로 정의된다. 따라서 양지가 시비준칙이라 함은 곧 시비판단의 준칙이 인간의 마음에 내재화되어 있다는 것을 의미한다. 이는 곧 인간의 주체성과 창출성의 계기가 된다. 시비준칙을 마음 밖에서 찾을 경우 인간은 주체성을 상실하고 외재적인 규범·준칙에 종속되어 이에 수동적·타율적으로 이끌려가게 된다. 그러나 시비준칙을 마음에 내재화시킴으로써 인간은 주체적·자율적·능동적으로 시비판단 작용을 진행할 수 있게 된다. 또한 시비준칙을 외재적인 일정한 격식에 따라 고정시켜 적용시키는 것이 아니라 상황에 따라 자신의 내면으로부터 새롭게 창출할 수 있다. 둘째, 시비준칙과 시비판단력이 양지 하나로 통합됨으로써 시비판단의 진행과정에 있어 판단준칙과 판단작용 사이에 발생할 수 있는 상호 모순 또는 갈등의 요소가 사전에 제거된다. 또한 판단준칙이 판단작용으로 이행되지 못하고 단지 관념상의 준거로 끝나버릴 수 있는 계기가 차단된다.

양명은 여기서 한 발 더 나아가 "양지는 맹자의 이른바 '시비지심是非之心은 사람마다 모두 지니고 있다'는 것이다. 시비지심은 생각하지 않더라도 알고 배우지 않더라도 능한

것이다. 이러한 까닭에 양지라고 하는 것이다"「전집」,권26, 「대학
문」라고 하여, 시비준칙과 시비판단력의 통합체로서의 양지
에 '능동적 실천 능력'까지 부여한다. 즉, 맹자에게 있어 후
천적인 이성적 사고 작용을 통하지 않고도 알 수 있는 선천
적 자각 능력으로서의 '양지良知'와 후천적으로 학습하지 않
고도 실천할 수 있는 선천적인 능동적 실천 능력으로서의
'양능良能'을 양명은 '양지' 하나로 통합하고 있는 것이다. 양
지는 시비선악을 판단할 수 있는 능력만이 아니라 그 판단
을 실천으로 이행할 수 있는 실천 능력까지 선천적으로 함
께 구비하고 있다는 것이다. 따라서 양지는 단지 시비준칙
나아가 시비선악에 대한 판단 능력에만 국한되는 것이 아
니라, 자신의 자각적 판단에 따라 실천으로 이행할 수 있
는 '능동적 실천력'까지 통합하는 인간 마음의 선험적인 유
기적 생명성이라고 말할 수 있다. 양명은 시비준칙과 시비
선악에 대한 판단 능력 그리고 실천 능력을 양지 하나로 통
합함으로써 '앎'과 '실천'이 단절될 수 있는 계기를 미리 차
단하고, 앎과 실천이 합일될 수 있는 계기를 마음의 본질적
속성에 부여한다.

양지가 시비준칙과 시비판단 능력 그리고 실천력의 통합체라고 할 때, '시비是非'의 구체적 대상과 내용이 무엇인가를 밝히는 일은 양지의 본질을 밝히는 데 있어 중요한 관건이 된다. 양명의 다음과 같은 주장에서 '시비'의 의미를 유추해 볼 수 있다.

대저 사람은 천지의 마음이다. 천지만물은 본래 나와 한몸이므로, 살아 있는 존재물들의 고통은 무엇인들 내 몸에 절실한 아픔이 아니겠는가? 내 몸의 아픔을 알지 못하는 것은 시비지심이 없는 자이다. 시비지심은 생각하지 않더라도 알고 배우지 않더라도 능한 것이니, 이른바 양지이다「전습록」(중), 「답섭문울」, 179조목.

'시비지심'은 모든 존재물이 유기적·상보적 관계망으로 이루어진 총체적 유기체인 천지만물의 의식 중추인 인간의 마음이다. 이는 인간 자신을 천지만물과 하나의 유기적인 생명체로 연결시켜주는 본질적 마음이다. 인간은 이러한 시비지심을 통해 천지만물과 감응하면서 이들의 생명이 손상되는 상황에 직면하게 되었을 때 이를 자신의 고통과 아픔으로 느끼게 된다. 이러한 시비지심을 양명은 양지로 규정하고 있는 것이다. 따라서 '시비'는 총체적 천지만물의 부분들의 생명의 온전성에 대한 시비이며, 양지의 시비준칙과 시비판단 또한 이에 대한 시비준칙이자 시비판단이라 말할 수 있다. 천지만물의 생명이 온전하게 유지되는 상황과 이를 온전하게 유지시켜주는 인간의 의념 및 행위 모두는 '시문', '선善', '진眞'이 된다. 반면 이들의 생명이 파괴·상실되는 상황과 이들의 생명을 손상시키는 인간의 의념 및 행위는 '비非', '악惡', '위僞'로서, 인간의 마음은 이에 대해 아픔을 느끼는 통각 작용을 수반한다. 따라서 시비지심으로서의 양지는 천지만물의 생명의 온전성을 자각적으로 판단하고 이들의 생명 손상에 대해 아픔을 느끼는 인간 마음의 유기적 생명성인 것이다.

시비지심으로서의 양지는 '진성측달眞誠惻怛'하는 통각의 주체로 정의된다.

생각건대 양지는 단지 천리의 자연한 밝은 깨달음天理自然明覺

이 발현하는 곳이며, 단지 진실하게 다른 사람을 측은히 여겨 아파하는 마음眞誠惻怛이 바로 그 본체이다. 그러므로 이 양지의 진성측달을 극진히 하여 부모를 섬기는 것이 바로 효도이고, 이 양지의 진성측달을 극진히 하여 형을 따르는 것이 바로 우애이며, 이 양지의 진성측달을 극진히 하여 임금을 섬기는 것이 바로 충성이다. 단지 하나의 양지, 하나의 진성측달일 뿐이다『전습록』(중),「답섭문울2」, 189조목.

양지는 타존재물과의 감응 과정에서 단지 시비를 판단하는 선천적인 영명한 자각성만이 아니라 이들을 진실하게 측은히 여겨 아파하는, 진성측달眞誠惻怛하는 통각의 주체라는 것이다. '진성'은 거짓됨이 없는 진실眞實함을 가리키며, '측달'은 타인이나 타존재물의 아픔을 자신의 아픔으로 느끼고 그 아픔을 참지 못하여 드러나는 측은지심惻隱之心을 가리킨다. 따라서 진성측달은 거짓됨이 없이 정성스럽게 타인이나 타존재물의 아픔에 감통하여 그들의 아픔을 자신의 아픔으로 여기는 마음이다. 이러한 측은지심으로서의 진성측달은 마주하는 대상에 따라 효도·공경·충성과 같은 실천 행위를 수반한다. 양지는 결국 맹자가 말하는 사단四端의 통합체이다. 따라서 인간은 양지를 통해 천지만물과의 감응 과정에서 타존재물의 생명의 온전성에 대한 시비를 자각적으로 판단하고是非之心, 이들의 생명을 손상시키는 행위에 대해 부끄러워하거나 미워함羞惡之心과 아울러 이들의 생명 손상을 자신의 아픔으로 느끼면서惻隱之心 이들의 생명 손상을 치유하고 보살피며 양육하는 실천 행위恭敬之心를 통해 천지만물의 생명 창출·양육 과정에 주체적·능동적으로 참여할 수 있는 발판을 마련하게 된다. 따라서 양지는 인간이 천지만물과 한몸을 이루어 가는 선천적인 유기적 생명성이자 생명력이라고 말할 수 있다.

2. 영명한 자각성과 항동성

양지의 영명한 자각적 판단력은 '소명영각昭明靈覺', '허령명각虛靈明覺', '영소불매靈昭不昧', '본래자명本來自明', '자연명각自然明覺' 등으로 표현된다. 여기서는 양지의 영명한 자각성의 의미와 특성에 대해 살펴보고자 한다.

마음의 영명한 자각성인 양지의 판단 대상이 천지만물과 무관하게 인간 내면의 의념과 생각에만 국한되는 것은 아니다. 의념과 생각 자체가 천지만물과의 관계성 속에서 발동하는 것이므로, 양지의 영명한 자각적 시비판단 또한 이들과의 관계성을 전제로 한다.

마음은 몸의 주재이며, 마음의 허령명각虛靈明覺이 이른바 본연의 양지이다. 허령명각의 양지가 감응하여 움직이는 것을 의지意라 한다. 양지知가 있은 뒤에 의지가 있고, 양지가 없으면 의지가 없으니, 양지는 의지의 본체가 아니겠는가? 의지가 작용하는 곳에는 반드시 그 물物이 있으니, 물이 곧 사事이다. 만일 의지가 어버이를 섬기는 데 작용하면 어버이 섬기는 것이 하나의 물이 되고, 의지가 백성을 다스리는 데 작용하면 백성을 다스리는 것이 하나의 물이 되고, 의지가 글을 읽는 데 작용하면 글을 읽는 일이 하나의 물이 되고, 의지가 송사를 듣는 데 작용하면 송사를 듣는 일이 하나의 물이 된다. 무릇 의지가 작용하는 곳에는 물이 없을 수 없다. 이 의지가 있으면 곧 이 물이 있고, 이 의지가 없으면 곧 이

물이 없으니, 물은 의지 작용이 아니겠는가?『전습록』(중), 「답고동교
서」, 137조목.

마음의 '허령명각한 작용'이 곧 양지로 정의된다. 영명한
자각성으로서의 양지는 마주한 상황 또는 대상과의 감응
과정을 통해 시비를 판단함과 아울러 실천 의지를 발동하
고 실천 행위를 주재한다. 즉, 양지는 개체 속에 고립되어
개체 내의 사려 작용에 대해서만 시비를 판단하는 것이 아
니라 천지만물과의 감응이라는 관계성을 전제로 하여 작용
하는 것이다. 여기서 '허령명각'이란 표현에 근거해 볼 때,
양지는 고정된 격식과 규범으로 존재하거나 이에 얽매여
있는 것이 아니라 인간 자신이 마주한 상황에 따라 가장 적
의 타당한 상태로 시비준칙을 설정하고 시비를 판단함과
아울러 자신의 실천 방향성을 제시하는 마음의 영명한 자
각성인 것이다. 그리고 양지는 실천 의지를 발동시켜 '어버
이 섬김'·'백성을 다스림'·'송사를 처리함'과 같은 실천 행
위를 창출함으로써 천지만물과의 유기적인 관계맺음을 지
속해나간다. 따라서 양지의 영명한 자각성은 단지 시비판

단 준칙의 창출이나 시비판단 작용에 머무는 것이 아니라 실천 의지의 발동 그리고 실천 행위를 주재하는 인간의 총체적인 유기적 생명활동으로 나타난다.

마음의 영명한 자각성으로서의 양지는 또한 '항조자恒照者', '상각상조常覺常照' 등으로 정의된다. 이는 양지의 쉼 없는 '항동성恒動性'을 표현하는 말이다. 인간이 비록 영명한 자각성으로서의 양지를 내재하고 있다 하더라도 아무런 장애나 문제없이 천지만물의 생명 창출·양육 과정에 주체적·능동적으로 참여할 수 있는 것은 아니다. 이에 양명은 다음과 같이 말한다.

양지란 마음의 본체로서, 앞에서 말한 '항상 비추는 존재恒照者'이다. 마음의 본체는 일어남도 없고, 일어나지 않음도 없다. 비록 거짓된 생각이 발생하더라도 양지는 있지 않은 적이 없다. 다만 사람들이 보존할 줄 모르기 때문에 간혹 마음을 놓아버리는 때가 있을 뿐이다. 비록 극도로 어둡게 막혔다고 하더라도 양지는 밝지 않은 적이 없다. 다만 사람이 살필 줄 모르기 때문에 간혹 가려지는 때가 있을 뿐이다. 간혹 놓아버리는 때가 있더라도 그 마음의 본체는 실제로 있지 않은 적이 없으므로 그것을 보존하기만 하면 된다. 간혹 가려지는 때가 있더라도 마음의 본체는 실제로 밝지 않은 적이 없으므로 그것을 살피기만 하면 된다『전습록』(중), 「답육원정서」, 152조목.

인간의 마음은 양지를 생명 본질로 하지만, 망령된 생각, 개체 욕망 또는 몽매함으로 인해 양지는 차폐될 수 있는 가능성을 안고 있다는 것이다. 비록 양지가 차폐된 상태라 하더라도 양지 자체가 상실되는 것은 아니다. 인간 내면에서 일어나는 의념과 생각에 대한 시비·선악의 판단은 인간 자신만이 할 수 있다. 그 시비판단의 주체가 바로 양지인 것이다. 이러한 시비판단의 주체인 양지가 상실될 경우, 인간은 올바른 판단을 할 수 없음은 물론 천지만물과 감응할 수 있는 계기를 상실하게 된다. 따라서 개체 욕망이나 망령된 생각이 발동한 상태에서도 양지는 인간 내면에 대해 끊임없이 시비와 선악을 판단하는 '항동성'을 지녀야만 한다. 이에 양명은 '양지는 항상 비추는 자'라 하여, 양지에 항동성을 부여하고 있는 것이다. 다만 양지가 항동성을 지닌다고 하여 모든 문제가 해결되는 것은 아니다. 반드시 양지의 판단 능력을 잘 보존하고 양지의 판단을 정확히 파악하려는 끊임없는 노력을 통해서만 비로소 양지를 실현할 수 있다.

양명은 또한 양지가 '상각상조常覺常照'하는 항동성을 지닌다고 다음과 같이 말한다.

속이지 않으면 양지에 거짓됨 없이 성실하게 되고, 성실하면 밝아지게 된다. 스스로를 믿으면 양지에 미혹된 것이 없어서 밝아지게 되고, 밝아지면 성실하게 된다. 밝음明과 성실誠은 서로를 낳으니, 이 때문에 양지는 항상 깨닫고 항상 비춘다常覺常照. 항상 깨닫고 항상 비추면 밝은 거울을 매단 것처럼 어떤 사물이 다가와도 저절로 그 아름다움과 추함을 감출 수 없다『전습록』(중), 「답구양숭일」, 171조목.

여기서 성실誠은 생명 존재의 위선과 거짓이 없는 마음의 진실한 상태를 의미하며, 밝음明은 자신의 의념 및 천지만물의 생명의 온전성에 대한 시비가 명확한 상태를 의미한다. 인간은 극단적 개체 욕망(사욕)이 언제든 발동할 수 있는 가능성을 안고 있다. 물론 극단적 개체 욕망이 발동하지 않았을 때의 마음은 항상 순수하고 지선한 본질적 상태誠를 유지함으로써 양지를 통해 마주한 사태에 대한 시비를 분명하게 판단明할 수 있다. 그러나 극단적 개체 욕망의 발동을 미리 차단하거나 이미 발동하였을 경우 이를 제거하기 위해서는 양지가 항상 깨어 있는 상태에서 자신의 의념에 대한 시비를 명확하게 판단함明으로써 마음의 진실된 상태誠를 유지해야만 마주한 사태에 대한 시비를 명확하게 판단할 수 있다. 이러한 성실과 밝음은 서로를 전제로 한다. 인간은 성실한 상태에서만이 시비를 명확하게 자각·판단할 수 있는 한편, 시비를 명확하게 자각·판단함으로써 성실한 상태에 이를 수도 있다. 이러한 성실과 밝음의 상관성 속에서 양지는 '상각상조', 즉 '항상 깨닫고 항상 비추는 것'으로 정의되는 것이다. 양지의 영명한 자각성은 자신의 의념과 천지만물의 생명의 온전성에 대한 시비판단을 끊임없이 진행시켜나간다고 말할 수 있는바, 이러한 끊임없는 시비판단 작용이 양지의 항동성이다.

양명이 양지에 항동성을 부여한 근본적인 이유는 천지만물의 생명 본질과 밀접한 관련이 있다. 천지만물은 끊임없이 생명을 창생·양육하는 생생불식生生不息(자기-조직성)을 자신의 생명 본질로 한다. 따라서 천지만물의 중추적 존재인 인간 또한 생생불식의 항동성을 자신의 생명 본질로 해야만 한다. 만일 생명의 온전성에 대한 시비판단의 주체로서의 양지의 활동에 중단이 있게 된다면, 인간은 그 순간 자신의 의념은 물론 천지만물의 생명의 온전성에 대한 시비여부를 자각적으로 판단할 수 없게 된다. 양지 활동의 중단은 천지만물과의 유기적 관계성의 단절은 물론 자칫 천지만물의 생명을 질곡시키는 결과를 초래할 수도 있다. 따라서 양지의 끊임없는 시비판단 작용, 즉 항동성은 인간이 자신의 생명 본질인 천지만물의 창생·양육 과정에 주체적·능동적으로 참여하기 위해 반드시 필요한 속성인 것이다.

3. 수시변역성隨時變易性

생명의 온전성에 대한 시비준칙과 시비판단력의 통합체

로서 영명한 자각성과 항동성을 지닌 양지는 또한 '태양의 빛日光', '밝은 거울明鏡', '역易', '의義', '규구規矩·척도尺度' 등으로 비유된다. 이러한 다양한 비유들 속에서 보이는 공통된 특징은, 양지가 시비·선악을 판단함에 있어 어떠한 고정된 격식과 법칙을 미리 설정하거나 이에 얽매이는 것이 아니라 마주한 상황이나 대상에 따라 시비의 준칙을 새롭게 설정해나간다는 '수시변역성'을 지닌다는 점이다.

먼저 양지를 태양에 비유하는 양명의 다음과 같은 주장 속에서 양지의 수시변역성의 가능성을 읽을 수 있다.

앎이 없으면서도 알지 못하는 것이 없는 것은 본체가 원래 그와 같은 것이다. 비유하면 태양이 일찍이 사물을 비추려는 마음을 지닌 적이 없으나 저절로 비추지 않는 사물이 없는 것과 같다. 비춤이 없으면서도 비추지 않는 것이 없는 것은 원래 태양의 본체이다. 양지는 본래 앎이 없는데도 이제 도리어 앎이 있기를 요구하고, 본래 알지 못하는 것이 없는데도 이제 도리어 알지 못하는 것이 있다고 의심하는 것은 단지 믿음이 부족하기 때문이다 『전습록』(하), 「황성증록」, 282조목.

양명은 양지를 태양에 비유하면서, "양지란 본래 앎이 없으면서無知 알지 못하는 것이 없다無不知"고 규정하고 있다. '앎이 없다'는 것은 양지의 본래적 속성體을 의미한다. 즉, 양지는 어떠한 대상이나 상황에 직면하기 전에 미리 일정한 규범이나 격식에 의거하여 시비판단의 준칙을 고정된 틀定理로 설정하고 있지 않다는 것을 의미한다. 반면 '알지 못하는 것도 없다'는 것은 양지의 주체적이고 능동적인 작용用을 의미한다. 양지는 비록 고정된 틀을 미리 설정하고 있지 않음에도 불구하고 어떠한 대상이나 상황에 직면하게 되면 마치 태양이 사물을 있는 그대로 비추어주듯 대상과 상황에 대한 시비와 선악을 온전하게 판단한다는 것을 의미한다. 일단 양지는 시비판단의 준칙을 미리 고정된 틀로 설정하고 있지 않다는 점에서 양지의 '수시변역'의 가능성을 엿볼 수 있다.

여기서 한 발 더 나아가 양명은 양지를 '밝은 거울明鏡'에 비유하면서 양지가 주어진 상황에 따라 변화하는 것임을 다음과 같이 구체적으로 밝히고 있다.

그 양지의 본체는 밝은 거울처럼 밝아서 조그마한 그늘도 없다. 아름다운 것이나 추한 것이 다가오면 사물에 따라 형체를 드러내지만, 밝은 거울은 더럽혀진 적이 없다. 이것은 이른바 '감정은 온갖 일에 순응하되 감정이 없다'는 말이다. 불교에서 '머무는 데가 없되 그 마음을 낳는다「금강경」, 제10품: 應無所住而生其心'는 말이 있는데, 이 말은 잘못된 것이 아니다. 밝은 거울이 사물에 응할 때 아름다운 것은 아름답게, 추한 것은 추하게 응하기 때문에 비추는 것마다 모두 참된 모습이다. 이것이 바로 '그 마음을 낳는다'는 것이다. 아름다운 것은 아름답게, 추한 것은 추하게 응하되 일단 지나가면 남겨 두지 않는다. 이것이 바로 '머무는 데가 없다'는 것이다「전습록」(중), 「답육원정서우」, 167조목.

밝은 거울은 대상이 다가오면 있는 그대로 대상을 비추고, 대상이 떠나가면 그 영상을 남겨두지 않는다. 이러한 '밝은 거울'로 비유되는 양지는 다음과 같은 특성을 지닌다. 첫째, 밝은 거울이 미리 어떤 기준을 마련해 놓고 이로써 대상을 비추지 않는 것처럼, 양지는 어떠한 기준이나 격식을 미리 설정해 놓은 이후에 마주하는 대상이나 상황의 시비를 판단하지 않는다. 둘째, 밝은 거울이 자신에게 비추어지는 대상에 따라 대상의 아름다움과 추함을 있는 그대로 거짓 없이 비추어주듯, 양지는 자신이 직면한 대상과 상황의 옳고 그름을 있는 그대로 진실하게 판단한다. 셋째, 밝은 거울이 대상이 떠나가면 그 비춤의 흔적을 남겨놓지 않듯, 양지 또한 일단 그 대상과 상황에 대한 판단이 종결되면 그것을 아직 발생하지도 않은 일을 판단하기 위한 고정된 준칙으로 설정하지 않는다. 즉 양지는 끊임없이 새롭게 직면하는 대상과 상황에 감응하고 시비판단을 내리는 데 있어 이전의 일에 얽매여서 이를 다시 하나의 틀로 만들어 새로운 대상과 상황을 재단하지 않는다고 말할 수 있다.

양명은 또한 『전습록』(하), 「황성증록」, 248조목에서 "의義가 바로 양지"라고 전제하면서, 이 '의'조차도 고정된 준칙이나 규범이 아니라 주어진 상황에 따라 가장 적의·타당한 상태로 변화해야 한다고 주장한다. 예컨대 오늘은 선물을 받는 일이 옳았다 하더라도 다른 날에는 선물을 받는 일이 옳지 못할 수도 있고, 반대로 오늘은 선물을 받는 일이 옳지 않았다 하더라도 다른 날에는 옳을 수도 있다는 것이다. 그러므로 어느 한 시점의 경험을 토대로 일률적으로 언제나 '선물을 받아도 된다' 또는 '받아서는 안 된다'고 못 박는 것은 집착이지 양지의 본질적 속성, 즉 의義가 아니라는 것이다. 양명은 주자학에서 절대불변의 원칙으로 설정하고 있는 '의'조차도 주어진 상황에 따라 변화하는 것임을 역설하고 있는 것이다. 의로서의 양지는 고정된 원칙이나 틀로서 존재하는 것이 아니라 반드시 마주한 상황에 따라 가장 타당한 상태로 변화한다고 말할 수 있다.

이렇듯 양지가 수시변역성을 지녀야 하는 이유는 천지만물의 생명 본질에서 찾을 수 있다. 천지만물은 생생불식生生不息, 즉 끊임없이 만물을 창생·양육하는 '변역성'과 '창출성'을 자신의 생명 본질로 한다. 끊임없이 변화하는 천지만물은 동일한 사건을 기계적으로 반복하는 것이 아니라 끊임없이 항상 새로운 상황을 연출해간다. 그리고 천지만물의 중추적 존재로서의 인간은 끊임없는 변화 과정의 한복판에 놓여 있게 된다. 따라서 인간은 고정된 격식과 준칙에 얽매이지 말고 변화하는 상황에 따라 끊임없이 새롭게 준칙을 창출함으로써만이 천지만물의 변화에 대응하면서 천지만물의 생명 창출·양육 과정을 온전하게 이끌어갈 수 있다.

7장
양지 실현의 필요성과 그 의미

'천지만물일체설'이 우주론에 해당되고, '심즉리설'과 '양지설'이 인간론에 해당된다면, '지행합일설'과 '치양지설'은 수양론에 해당한다. '천지만물의 마음天地萬物之心'이라는 위상을 지닌 인간은 누구나 천지만물과의 감응과 통각 주체로서의 '양지良知'를 선천적으로 내재하고 있다. 그러나 단지 양지의 선천적 내재성만으로는 천지만물의 생명 창출·양육 과정에 능동적으로 참여하거나 주체적으로 이끌어가야 하는 인간의 책임과 사명을 완수할 수 없다. '치양지致良知', 즉 '양지 실현'이라는 후천적 과정이 수반될 때, 비로소 인간은 천지만물과 하나가 됨과 동시에 인간 자신은 물론 천지만물의 생명 본질을 실현할 수 있다. '양지'는 인간의 선천적인 마음의 본체이며, '치양지'는 선천적인 양지를 실현하는 후천적인 실천 과정이다. 선천적인 양지를 실현하는 데 있어 후천적인 공부인 치양지가 요구된다. 본 장에서는 먼저 후천적인 양지 실현 공부가 요구되는 이유와 '치양지'의 의미에 대해 살펴보고, 이어지는 장들에서 양지 실현의 다양한 방법과 양지 실현의 최후 경계에 대해 살펴볼 것이다.

1. 사욕이란?

양지의 자연한 발현을 가로막는 장애물은 도대체 무엇인가? 양명은 먼저 마음의 본체인 양지가 인간의 '사욕'에 의해 장애를 받을 경우 자연스럽게 발현될 수 없다고 본다.

사람의 마음은 하늘이며 연못이다. 마음의 본체는 포용하지 않는 것이 없으니, 원래 하나의 하늘이다. 다만 사욕에 가려져서 하늘의 본체를 잃어버렸을 뿐이다. 마음의 이理는 무궁무진하니, 원래 하나의 연못이다. 다만 사욕에 막혀서 연못의 본체를 잃어버렸을 뿐이다. 이제 생각마다 양지를 실현하여 이 가려지고 막힌 것을 전부 제거한다면 본체가 이미 회복된 것이니, 그것이 바로 하늘과 연못이다「전습록」(하), 「황직록」, 222조목.

인간은 천지만물의 마음이기 때문에, 인간 마음은 천지의 생생불식生生不息하는 생명 본질을 자신의 생명 본질로 한다. 천지만물과 같이 생생불식하는 무한한 생명성과 무한한 실천 조리의 창출성이 바로 인간 마음의 생명 본질인 '양지'이다. 그러나 양지는 인간의 또 다른 성향인 '사욕'에 의해 가려지거나 막히는 제약을 받음으로써 자연스럽게 유행할 수 없게 된다는 것이다. 양명은 또한 다음과 같이 말한다.

사람들 중에 누가 뿌리가 없겠는가? 양지가 바로 하늘이 심어준 영명한 뿌리이니 저절로 쉬지 않고 생성한다. 다만 사욕이 누가 되어 이 뿌리를 해치고 막아서 자랄 수 없을 뿐이다「전습록」(하), 「황수역록」, 244조목.

천지의 생명 본질에 근원한 인간의 영명성靈明性으로서의 양지는 스스로 '생생불식生生不息'하는 무한한 생명력을 지니지만, 사욕의 장애로 인해 생장하지 못하게 된다는 것이다. 인간의 선천적인 양지는 후천적으로 사욕의 장애로 인해 제약받을 수 있다는 것이다. 이는 마치 본래 사물을 있는 그대로 비추어주는 밝은 비춤의 기능을 지닌 밝은 거울明鏡에 먼지나 때가 묻으면 본래의 밝은 비춤의 기능에 제약이 발생하는 것과 같다.

인간은 본원적으로 천지만물과 '한몸'인 동시에 현상적으로 천지만물과 자신을 구분해주는 자신만의 고유한 신체를 가진 하나의 '개체생명체'이다. 인간은 자신의 신체를 기준으로 내적 자아와 외적 대상 세계를 구분할 수 있다. 따라서 인간이 비록 천지만물과 자신을 하나의 생명체로 연결해주는 감응 주체로서의 양지를 선천적인 본질적 속성으로 한다 하더라도, 다른 한편으로는 사적 개체의 이익과 안위에만 집착하는 인위적인 개체 욕망(사욕)의 발동 가능성을 안고 있다. 이러한 인위적인 개체 욕망의 발동은 선천적인 양지를 어둡게 차폐시킨다. 이에 양명은 '욕欲'에 대해 다음과 같이 말한다.

> 기뻐하고 성내고 슬퍼하고 두려워하고 사랑하고 미워하고
> 욕구하는 것을 일곱 가지 정감七情이라고 한다. 이 일곱 가지
> 는 모두 사람의 마음에 본래 있는 것이다. 그러나 양지를 분
> 명하게 인식해야 한다. … 칠정이 그 자연스러운 유행에 따
> 르는 것은 모두 양지의 작용이며, 선과 악으로 구별할 수가
> 없다. 그러나 집착하는 것이 있으면 안 된다. 칠정에 집착이
> 있으면 모두 욕欲이라고 하며, 모두 양지를 가리게 된다『전습
> 록』(하), 「황성증록」, 290조목.

양명은 '욕'을 서로 다른 두 개의 층차로 나누어 본다. 첫
째는 칠정, 즉 인간의 감정 가운데 하나로서의 욕이다. 이
는 인간 마음이 본래 내재하고 있는 성향 가운데 하나로
서, 이 욕을 포함한 모든 감정의 자연한 발용은 오히려 인
간의 생명 본질을 구현하는 양지의 작용으로 규정된다. 둘
째, 감정의 발용에 있어 자연스럽지 못하고 집착하는 바가
있을 때, 이는 또 다른 층차의 욕으로 규정된다. 이는 인간

마음의 유기적 생명성인 양지의 작용을 차폐시키는 것으로서 극복·제거의 대상이 된다. 따라서 '욕'은 자연한 감정의 한 가지 유형으로서의 욕과 감정의 집착 상태로서의 욕으로 구분되는바, 전자는 인간의 자연한 생명 현상으로 긍정되는 반면, 후자는 오히려 인간의 생명 본질을 질곡 시키는 것으로 부정된다. 여기서 양명이 극복·제거의 대상으로 삼는 부정적 사욕은 후자만을 포함한다는 사실을 유추해 볼 수 있다. 아울러 양명은 '사욕'만이 아니라 '물욕物欲', '사심私心', '사의私意', '사지私智', '자사自私', '자리自利' 등의 표현을 사용하고 이들을 극복·제거의 대상으로 삼고 있는바, 사욕은 감정적 영역에만 국한되는 것이 아니라 인간 내면의 심리적, 사변적, 의지적, 감성적 영역 모두를 포함한다고 말할 수 있다. 이러한 다양한 형태로 표현되는 개체 욕망에 물들지 않은 상태에서는 양지만이 온전하게 작용하지만, 개체 욕망이 발동한 상태에서는 양지가 가려지고 막혀서 온전하게 작용할 수가 없게 된다.

2. 사욕의 폐단

사욕의 폐단은 단지 양지를 가리고 막는 데서 끝나지 않는다.

세상 사람의 마음은 처음에는 역시 성인과 다름이 없으나, 다만 나만 있다고 하는 사사로움에 이간離間되고, 물욕物欲의 가려짐에 격단되어 큰 것이 그 때문에 작아지고, 통하는 것이 그 때문에 막혀서 사람마다 제각기 사사로운 마음이 생겨났고, 심지어 자신의 부모와 자식, 형과 아우를 원수처럼 여기는 자가 생기게 되었다「전습록」(중), 「답고동교서」, 142조목.

욕망에 움직이고 사사로움에 가리는 데 이르러 이해로 서로 공격하고 분노로 서로 격돌하게 되면 사물을 해치고 동류를 무너뜨림에 못할 짓이 없게 되고, 심지어는 혈육까지도 서로 해치는 데 이르러서는 일체—體의 인仁이 없어질 것이다「전집」, 권26, 「대학문」.

사욕의 한 형태인 '물욕'은 천지만물과 감응 주체인 '만물 일체의 인심仁心', 즉 양지를 상실시키고, 자신이 보살피고 양육해야 하는 타존재물이나 타자는 물론 자신의 혈육과도 대립·갈등·투쟁을 야기한다. 결국 타존재물은 물론 동류인 인간조차 파멸에 이르게 된다는 것이다. 결국 인간의 개체 욕망의 한 형태인 물욕은 인간의 몸과 마음을 분열시키고 한 개인의 생명 본질을 질곡시키는 데서 끝나는 것이 아니라, 종국에는 인간 사회와 자연계를 포괄하는 전 우주적 차원의 천지만물을 파멸시키는 상황을 초래하게 된다고 말할 수 있다.

사욕은 인간 자신의 개체생명의 이익과 안위에만 집착함으로써 천지만물과의 감응 주체인 양지를 차폐시키고, 자신의 형체를 기준으로 천지만물과 자신을 내·외, 자·타, 물·아로 나누고, 천지만물과 대립·갈등·투쟁을 야기하는 인간의 극단적인 개체 욕망을 의미한다. 극단적 개체 욕망에 의한 양지 차폐遮蔽는 양지가 자연스럽게 천지만물과 감응할 수 있는 계기를 상실시킨다. 이로 인해 인간은 천지만물의 생명 창생·양육 과정을 주체적·능동적으로 이끌어

가지 못할 뿐만 아니라, 오히려 인간 사회와 자연세계의 존재물들의 생명을 파괴시킴은 물론 결국에는 자신의 생명 또한 상실시키는 결과를 초래하게 된다. 이에 양명은 자신의 생존 당시 개개인의 개체 욕망으로 인해 사회 구성원들의 생명이 파괴되는 현상을 다음과 같이 적나라하게 비판하고 있다.

후세에 양지학良知學이 밝혀지지 않아서 천하 사람들은 그 사사로운 꾀私智를 사용하여 서로 겨루고 배척하게 되었다. 그래서 사람마다 각각 제 마음을 갖게 되어 치우치고 사소하고 편벽되고 고루한 견해와 교활하고 음험한 술수가 이루 다 말할 수 없는 지경에 이르렀다. 겉으로는 인의仁義라는 이름을 빌리지만 속으로는 스스로를 사사롭게 하고 스스로를 이롭게 하는 실질을 추구하며, 궤변으로써 세속에 영합하고 행위를 꾸며서 명성을 구하고 있다. 다른 사람의 선행을 덮어서 가리고 그것을 답습하여 자기의 장점으로 삼으며, 다른 사람의 사사로움을 들추어 은근히 자기가 정직하다고 여기며, 분노 때문에 서로 이기려 하면서도 오히려 자신은 의로움을 따른다고 말하고, 음험하여 서로 쓰러뜨리면서도 오히려 악을 미워한다고 말한다. 현명한 자를 질투하고 능력이 있는 자를 시기하면서도 오히려 자신은 시비에 공정하다고 여기며, 제 감정과 욕망대로 하면서도 오히려 자신은 백성들과 좋아하고 싫어함을 함께한다고 생각한다. 서로 능멸하고 서로 해쳐서 골육骨肉을 나눈 일가친척조차도 이미 너와 나 사이에 승부를 가르려는 생각과 피차에 울타리를 치는 모습이 없을 수 없는데, 하물며 광대한 천하의 수많은 백성과 사물에 대해 또한 어떻게 한몸—體으로 여길 수 있겠는가? 그렇기 때문에 세상이 어지러워지고 재앙과 난리가 끊임없이 서로 이어지는 것도 이상할 것이 없다『전습록』(중), 「답섭문울」, 180조목.

인간은 하나의 개체생명으로서의 자신의 이익과 명예와 안위에 대한 극단적 집착, 즉 자신의 이익만을 추구하는 극단적 개체 욕망으로 인해 인간 사회의 구성원은 물론 자연 세계의 모든 존재물을 하나의 생명체로 여기는 본질적 마음을 상실함으로써 인간 상호 간에는 거짓과 위선은 물론 경쟁과 투쟁을 일삼게 된다는 것이다. 이로써 가까이는 자신의 혈육과 유기적·상보적 관계에서 대립·투쟁의 관계로 전환할 뿐만 아니라, 인간 사회 구성원은 물론 자연세계의 모든 존재물과 자신이 하나의 유기적인 생명의 관계망을 맺고 있다는 사실을 망각하고 천지만물을 계속적으로 파괴하는 현상으로 치닫게 된다는 것이다.

3. 치양지致良知의 의미

인간은 누구나 성인이 될 수 있는 선천적 생명 본질, 즉 천지만물과의 감응 주체인 양지를 내재하고 있는 반면, 양지의 자연한 유행을 가로막는 개체 욕망의 발동 가능성을 안고 있다. 이로 인해 양명은 '양지론'에서 끝나지 아니하고 '치양지설致良知說'을 제시하였다고 할 수 있다. 여기서는 '치양지'의 구체적 의미와 양지 실현의 필요성에 대해 살펴보고자 한다.

『전습록』에서 '치양지致良知'는 "마음의 본체인 양지를 회복한다"는 의미와 "마음의 본체인 양지를 확충한다"는 의미로 사용된다. 먼저 '치양지'가 '마음 본체의 회복'을 의미한다는 내용에 대해 살펴보면 다음과 같다.

사람의 마음은 하늘天이며 연못淵이다. 마음의 본체는 갖추
지 아니한 바가 없으니 본래 처음부터 하나의 하늘이다. 다
만 사욕에 장애가 되어 하늘의 본체를 잃게 된 것이다. 마음
의 이理는 무궁무진하니 본래 하나의 연못이다. 다만 사욕
에 막히어 연못의 본체를 잃게 된 것이다. 이제 치양지致良知
만을 생각하고 생각하여, 이 장애와 막힘을 완전히 제거하면
본체가 회복될 것이니, 이것이 곧 하늘과 연못이다「전습록」(하),
「황직록」, 222조목.

양명은 천지의 생명 본질과 일치하며天 무한한 실천 조리
의 창출성과 실천성을 지닌淵 마음의 본체는 개체 욕망에
의해 제약을 받을 경우 자연스럽게 유행할 수 없게 된다.
따라서 '치양지'를 통해 개체 욕망의 장애를 완전히 제거함
으로써만이 그 마음의 본체가 회복될 수 있다고 주장하고
있다. 마음의 본체는 양지이고, '치양지'의 '치致'는 '회복'을
의미하는바, '치양지'는 곧 '마음의 본체인 양지의 회복'을

의미한다고 말할 수 있다.

마음의 본체인 양지는 실체 개념이 아니라 인간 마음의 본질적 속성, 즉 마음의 유기적 생명성이다. 따라서 밝은 거울에 묻은 먼지와 때를 벗겨냄으로써 밝은 거울의 비춤의 본질적 속성을 회복시키듯, '치양지'는 양지의 발현·유행을 가로막는 개체 욕망을 제거함으로써 마음의 본질적 속성을 온전하게 회복시킨다는 의미로 볼 수 있다. 다만 양지는 그 자체가 시비판단력을 포함한 실천 조리의 창출성과 몸에 대한 주재력과 실천력을 내재하고 있기 때문에, '회복'이라는 의미는 사실상 실행의 의미가 배제된 일반적 의미의 회복 단계만을 의미하지 않는다. 마치 때와 먼지가 제거되는 순간 밝은 거울이 마주한 사물의 아름다움과 추함을 있는 그대로 비추어주듯, '양지의 회복'은 천지만물과 감응하는 양지의 발현과 실천 행위의 창출이라는 일련의 생명 전개 과정까지 포함하게 된다.

다음으로 '치양지'가 "마음의 본체인 양지를 확충한다"는 의미에 대해 살펴보면 다음과 같다. 양명은 치지致知를 다음과 같이 정의한다.

치致란 '이른다至'의 뜻이다. 예컨대 '상례에 슬픔을 다한다喪致乎哀'고 할 때의 '치'와 같다. 『역易』에 "지극함을 알아 그곳에 이른다知至至之"라고 말할 때, '지극함을 아는 것知至'은 지知이며, '그곳에 이른다至之'는 치致이다. 치지致知라고 말하는 것은 후세 유학자들의 이른바 "자신의 지식을 확충한다"고 이르는 것과 같지 않다. 내 마음의 양지를 실현하는 것이다「전집」, 권26, 「대학문」.

'치致'는 슬픔을 다하고 그곳에 이르는 것과 같이 '실천 행위를 통해 극진히 무엇인가를 실현한다'는 것을 의미하며, 치의 대상인 그 무엇은 바로 '양지'를 가리킨다는 것이다. 본래 주희가 말한 '치지'는 인식 주체가 물리物理를 연구하여 획득한 지식이 확충되어간 결과를 가리키는 것으로 '치지'란 한마디로 '지식을 확충한다'는 것을 의미한다. 그러나 양명이 말하는 치지는 주희가 말하는 '내 마음의 지식을 확충한다'는 의미가 아니라 '실천 행위를 통해 내 마음의 양지를 극진히 실현한다'는 것을 의미한다.

이렇듯 '치지'를 '치양지'로 해석하는 양명은 나아가 다음과 같이 말한다.

우리가 양지를 실현하는 것은 다만 각자의 능력이 미치는 정
도에 따를 뿐이다. 오늘 양지가 이만큼 나타나 있으면 다만
오늘 아는 것에 따라서 '확충하여 바닥에 이르도록擴充到底' 하
고, 내일 또 양지가 깨달은 것이 있으면 내일 아는 것에 따라
서 확충하여 바닥에 이르도록 하면 되는 것이다. 이와 같아
야 비로소 마음을 순수하게 하고 한결같이 하는精— 공부이
다. 다른 사람과 학문을 논할 때에는 반드시 다른 사람의 능
력이 미치는 정도에 따라야 한다. 이것이 나무에 어린 싹이
조금 돋아나면 물을 조금만 주고, 싹이 다시 자라나면 물을
더 주는 것과 같다. 손으로 움켜잡을 만한 굵기의 나무로부
터 한 아름 굵기의 나무에 이르기까지 물을 주는 일은 모두
그 나무의 능력이 미치는 정도分限에 따른다. 만약 조그마한
어린 싹에 한 통의 물이 있다고 해서 다 부어준다면 흠뻑 젖
어들어 죽어버릴 것이다『전습록』(하),「황직록」, 225조목.

여기서 '치양지'의 '치'는 '확충도저擴充到底'의 의미로 사용

되고 있다. '확擴'은 전후좌우로 넓혀간다는 뜻이고, '충充'은 자기 소이所以의 몫, 즉 양지를 충족시킨다는 의미이며, '도저到底'는 만일 마음이 자루나 단지 같은 것이라면 그 바닥까지 채운다는 뜻이다. 따라서 '치양지'는 "양지를 확충하여 바닥에 이르도록 한다"는 의미로서, 이는 단지 양지의 자각적 판단 또는 실천 방향성 제시에 그치는 것이 아니라, 실제적인 실천 행위를 통해 양지에 의해 이루어진 판단과 방향성을 미진함 없이 실현한다는 의미로 볼 수 있다. 즉 '양지를 확충한다'는 것은 바로 양지의 판단에 따른 실제적인 실천 행위를 포함한다. 이러한 양지의 확충은 자기의 분수가 미치는 바에 따라야 하는 것으로 어린 싹에 물을 너무 많이 주면 오히려 싹이 죽게 된다는 비유를 통해 알 수 있듯, 양지는 어느 일순간에 실현되고 끝나는 것이 아니다. 양지는 하루하루의 일상적 생활 속에서 끊임없이 실현시켜 나가는 점진성을 지닌다.

이렇듯 양지 실현은 결국 인간의 실제적인 실천 행위를 필수 조건으로 하는바, 양명은 다음과 같이 말한다.

양지는 본래 명백하여 착실하게 실행하면 곧 옳으니라. 기꺼이 실행하려 하지 아니하고 다만 언어 위에서만 말을 하면 말을 할수록 더욱 모호해진다「전습록」(하), 「황성증록」, 280조목.

실제적인 실천 행위로 이행하지 아니하고 말로만 떠들어서는 양지를 결코 실현할 수 없다는 것이다. 아울러 양지의 자각적 판단에 의해 이루어진 실천 지향성 내지 실천 방향성 또한 반드시 실천 활동으로 이행되어야만 비로소 양지가 실현되었다고 말할 수 있다고 다음과 같이 밝히고 있다.

어떻게 하는 것이 (부모님을) 따뜻하고 시원하게 해드리는 절목이 되는지, 어떻게 하는 것이 봉양의 마땅함이 되는지를 아는 것이 이른바 지知이지만, 그것을 아직 치지致知라고 말할 수는 없다. 반드시 어떻게 하는 것이 따뜻하고 시원하게 해드리는 절목이 되는지를 아는 지知를 지극한 데까지 확충하여 실제로 그것으로써 봉양한 뒤에야 그것을 치지라고 말한다「전습록」(중), 「답고동교서」, 138조목.

여기서 양명은 먼저 인간 자신이 직면한 상황에 대한 양지의 자각적 판단과 실천 의지의 발동 단계와 실제적인 실천 행위를 통한 양지의 실현 단계를 구분하고 있다. 자식이 부모와 마주하게 되면 부모의 생명의 온전성에 대한 자각적 판단과 아울러 부모의 생명을 온전하게 유지시켜 주기 위한 구체적인 방안(절목)을 자각적으로 알게 되는바, 이는 양지의 자각적 판단과 의지의 발동 단계일 뿐 양지 실현의 단계는 아니라는 것이다. 반드시 양지에 의해 내려진 자각적 판단과 의지에 따라 실제적인 실천 행위로 이행하여 부모의 생명을 온전하게 유지시켜 주어야만이 비로소 양지는 실현되었다고 말할 수 있다.

이상에서 '치양지'는 '마음의 본체인 양지의 회복'과 '양지의 확충'을 의미한다는 사실을 살펴보았다. 치양지는 외부 사물에 대한 이치를 탐구하고 지식을 확충해나가는 향외적·주지주의적 공부가 아니다. 치양지는 마음의 본체인 양지를 차폐시키는 개체 욕망을 제거하여 양지의 자연한 영명성을 회복하고 양지의 판단을 실천 행위로 이행함으로써 양지를 실현하는 향내적이고 주체적이며 실천적인 공부인 것이다.

양지 실현은 인간 자신의 입장에서 보았을 때, 인간 자신의 선천적인 생명 본질天理을 실현하는 일成己이다. 반면 천지만물의 입장에서 보았을 때, 이는 천지만물이 온전한 생명성을 획득하고 만물이 건강하게 창생·양육되는 일成物이다. 따라서 치양지, 즉 '양지 실현'이란 자·타, 주·객, 내·외로 분화시키는 인간의 극단적 개체 욕망을 제거하고 양지를 회복함으로써 양지를 통해 천지만물의 생명의 온전성 및 인간 자신의 의념에 대한 자각적 시비판단과 실천 방향성의 제시는 물론, 실제적인 실천 행위로의 전개 과정 모두를 포함한다. 양지 실현은, 전체로서의 천지만물은 물론 천지만물의 중추적 존재로서의 인간 자신의 생명 본질을 구현하는 전 과정을 의미한다.

8장
지행합일과 양지 실현

37세 때 '심즉리설'을 제창한 양명은 38세에 '지행합일설知行合一說'을 제창한다. 그리고 50세를 전후로 '치양지설'을 제창함으로써 원융회통한 독창적 철학사상을 완성 짓게 된다. 지행합일설은 주희의 '선지후행설先知後行說'에 대한 반론이다. 양명은 치양지설을 제창한 이후 지행합일을 양지 실현으로 귀일시킨다. 예컨대 어떤 사람이 지행이 합일하지 않는 것을 의심하여 『서경書經』의 "아는 것이 어려운 것이 아니라 행하는 것이 오직 어렵다非知之艱, 行之惟艱"는 두 구절로 물음을 제기하였다. 이에 양명은 "양지는 저절로 알 수 있으니, 이것은 원래 쉬운 것이다. 다만 그 양지를 실현할 수 없을 뿐이니, 그것이 바로 '아는 것이 어려운 것이 아니라 행하는 것이 오직 어렵다'는 말의 의미이다"「전습록」(하), 「황이방록」, 320조목고 하여, '지행知行'의 '지知'가 바로 '양지'임을 천명한다. 양명은 나아가 다음과 같이 주장한다.

군자의 학문이 어찌 행위를 떠나고 논설을 폐한 적이 있겠는가? 다만 행위와 논설에 종사하는 것은 요컨대 모두 지행합일의 공부이며, 바로 본심의 양지를 실현하는 것이다. 이것은 세상에서 한갓 귀로 듣고 입으로 말하는 데 종사하는 것을 지知라 여기는 사람들이 지와 행을 두 가지 일로 나누고, 마침내 절차 항목과 선후를 말할 수 있다고 생각하는 것과는 같지 않다「전습록」(중), 「답고동교서」, 140조목.

'지행을 합일'하는 일이 바로 '양지를 실현'하는 일이라는 것이다. 따라서 지행합일설은 치양지설의 뿌리가 되며, '지행합일'은 곧 양지를 실현하는 방안이자 그 자체가 양지 실현을 의미한다고 말할 수 있다.

1. 지와 행은 둘이 아니다

'지'와 '행'의 관계에 대해 서애가 양명에게 다음과 같이 질문하였다.

> 이제 부모에게는 마땅히 효도해야 하며 형에게는 마땅히 공손해야 한다는 것을 다 알고 있는 사람이 도리어 효도하지 못하고 공손하지 못하니, 곧 지와 행은 분명 두 가지 일입니다『전습록』(상), 「서애록」, 5조목.

지와 행이 하나가 아니라 둘이라는 입장이다. 서애가 말한 "마땅히 효도해야 한다"는 것은 곧 선험적인 당위의 도덕규범所當然之則으로서의 '효의 이치理'를 의미하며, "마땅히 효도해야 한다는 것을 안다는 것"은 '궁리窮理'와 같은 배움과 인식 과정을 통해 효의 이치를 아는 것을 의미한다. 그리고 "지와 행이 두 가지 일이다"라고 하는 것은 바로 '효의 이치를 아는 것'과 '효의 이치를 실천으로 이행하는 것'은 서로 다른 차원의 문제라는 것을 의미한다. 서애는 주자학적인 선궁리先窮理·후실천後實踐의 입장에서 지행론에 대한 자신의 입장을 피력한 것이다.

이러한 서애의 입장에 대해 양명은 다음과 같이 답변한다.

그것은 이미 사욕에 의해 가로막힌 것이지, 지행의 본체가 아니다. 아직까지 알면서 행하지 않은 사람은 없었다. 알면서도 행하지 않는 것은 다만 아직 알지 못한 것이다. 성현이 사람들에게 지행을 가르친 것은 바로 그 본체를 회복하기를 바랐기 때문이지, 그대들이 단지 이렇게 해도 좋고 저렇게 해도 좋다는 것은 아니었다. ··· 가령 아무개가 효도를 알고 아무개가 공손함을 안다고 말할 경우도 반드시 그 사람이 이미 효도를 행하고 공손함을 행해야만 비로소 그가 효도를 알고 공손함을 안다고 말할 수 있는 것이지, 단지 이 효도와 공손함에 대해 말할 줄 안다고 해서 효도와 공손함을 안다고 말할 수는 없다. ··· 이것이 바로 지행의 본체로서, 일찍이 사의私意에 가로막힌 적이 없는 것이다 「전습록」(상), 「서애록」, 5조목.

양명은 지와 행이 둘로 나뉘는 것은 사욕에 의해 가로막혀서 그런 것이지 본체 차원에서의 지행은 본래 하나이지 결코 둘로 나뉠 수 없는 것이라는 입장을 피력하고 있다. 지와 행은 하나이기 때문에 참되게 알면 실천은 동시에 수반될 수밖에 없는 것으로 실천이 수반되지 않는 앎은 참된 앎이 아니라는 것이다. 이에 양명은 "아직까지 알면서 행하지 않은 사람은 없었다. 알면서도 행하지 않는 것은 다만 아직 알지 못한 것이다"라고 비판한다. 효도나 공손함을 실천하지 않으면서 단지 입으로만 효도를 안다 공손함을 안다고 떠드는 것은 양명이 말하는 참된 앎이 아니다. 참된 앎은 실천 행위와 분리될 수 없는 앎으로 지와 행은 둘이 아닌 하나이다.

2. 지행합일과 양지 실현

지행합일의 근거는 지행의 '지知'가 일반적인 존재의 법칙이나 당위의 규범에 대한 인식론적 차원의 앎이나 지식을 의미하는 것이 아니라 인간 마음의 '양지良知에 의한 자각적 판단'을 의미하는 데서 찾을 수 있다.

그 응취凝聚의 주재主宰로서 말하면 마음이라 하고, 그 주재의 발동으로 말하면 의意라 하고, 그 발동의 명각明覺으로 말하면 지知라 하고, 그 명각이 감응하는 것으로써 말하면 물物이라 한다『전습록』(중), 「답나정암소재서」, 174조목.

그 주재하는 곳을 가리켜 말한다면 마음이라 하며, 마음이 발하여 움직이는 곳을 가리켜 말한다면 의意라 하고, 의가 영명靈明한 곳을 가리켜 말한다면 지知라 하며, 의지가 가서 닿아 있는 곳을 가리켜 말한다면 물物이라 하니, 다만 한 가지일 뿐이다『전습록』(하), 「진구천록」, 201조목.

여기서 '지知'는 "마음의 발동인 의지의 명각" 또는 "의지가 영명한 곳"으로 표현되는 '양지의 자각적 판단 작용'을 의미한다. 즉, '지'는 천지만물과의 감응 과정에서 양지에 의해 이루어지는 대상 생명의 온전성에 대한 시비판단과 이에 따른 실천 조리의 창출은 물론 실천 의지의 발동 모두를 포함한다. 그리고 '행行'은 "명각의 감응感應"과 "의지가 가서 닿아 있는 곳"으로 표현되는 실천 행위, 즉 양지의 자각적 판단에 의해 발동된 의지가 대상과의 감응 과정에서 몸을 통해 실천 행위로 이행되는 것을 의미한다.

양명은 지행에 대한 새로운 정의를 근거로 하여 몸과 마음 그리고 의념意, 판단 작용知 및 실천 행위物와 양지의 일원적 통합 과정을 다음과 같이 면밀하게 제시하고 있다.

마음은 몸의 주재이며, 마음의 허령명각虛靈明覺이 이른바 본연의 양지이다. 허령명각의 양지가 감응하여 움직이는 것을 의지意라고 한다. 양지知가 있은 뒤에 의지가 있고, 양지가 없으면 의지가 없으니, 양지는 의지의 본체가 아니겠는가? 의지가 작용하는 곳에는 반드시 그 물物이 있으니, 물이 곧 사事이다. 만일 의지가 어버이를 섬기는 데 작용하면 어버이 섬기는 것이 하나의 물이 되고, 의지가 백성을 다스리는 데 작용하면 백성을 다스리는 것이 하나의 물이 되고, 의지가 글을 읽는 데 작용하면 글을 읽는 일이 하나의 물이 되고, 의지가 송사를 듣는 데 작용하면 송사를 듣는 일이 하나의 물이 된다. 무릇 의지가 작용하는 곳에는 물이 없을 수 없다. 이 의지가 있으면 곧 이 물이 있고, 이 의지가 없으면 곧

이 물이 없으니, 물은 의지 작용이 아니겠는가?『전습록』(중),「답고
동교서」, 137조목.

마음의 영명한 자각성으로 규정되는 양지가 대상과의
감응을 통해 상황의 시비를 판단하고 이에 구체적 실천 조
리를 창출하게 되면, 이는 실천 의지意로 발동되며, 실천
의지는 몸을 통해 구체적 실천 행위物로 이행된다는 것이
다. 예컨대 어버이와 마주한 상황에서 어떠한 개체 욕망의
개입도 없이 어버이와 감응을 통해 어버이가 추워할 때는
따뜻하게 해드리고 더워할 때는 시원하게 해드릴 것을 자
각적으로 아는 것이 '지'가 된다면, 이 지는 따뜻하거나 시
원하게 해드리고자 하는 실천 의지로 표출되어 결국 실제
로 따뜻하거나 시원하게 해드리는 실천 행위로서의 '행'을
수반하게 되는 것이다. 이러한 자각적 앎과 실제적 실천
행위 사이에는 자각적 앎을 실천으로 이행하고자 하는 실
천 의지가 매개된다는 사실을 알 수 있다. 따라서 실천 의
지의 입장에서 보았을 때, 양지는 실천 의지의 주체가 되
고 실천 행위는 실천 의지의 작용이 된다. 그러므로 자각

적 판단, 실천 의지의 발동, 실제적 실천 행위는 모두 양지에 의해 전개되는 하나의 생명 과정으로 통합된다고 말할수 있다.

양지로부터 발동한 실천 의지는 곧 실천 행위를 이끌어내는 추동력이다. 그러므로 양지의 자각적 판단 작용知은 실천 의지를 매개로 한 실제적인 실천 행위行를 통해서만 완성될 수 있고, 실제적 실천 행위는 양지의 자각적 판단 작용에 의한 실천 의지의 발동을 통해 이루어진다고 할 수 있다. 이에 양명은 다음과 같이 말한다.

내가 일찍이 말한 지知는 행行의 주된 의지이며, 행은 지의 공부이다. 지는 행의 시작이며, 행은 지의 완성이다「전습록」(상), 「서애록」, 5조목.

지는 행의 시작이며 행은 지의 완성이니, 성학聖學은 다만 하나의 공부로서, 지와 행을 두 가지 일로 나눌 수 없다「전습록」(상), 「육징록」, 26조목.

지의 진실하고 절실하며 돈독하고 착실한 곳이 행이며, 행의 밝게 깨이고 정밀하게 살펴지는 곳이 지이다. 지와 행의 공부는 본래 분리해서는 안 된다. ··· 참된 지는 곧 실천하는 바가 있는 것이기 때문에 실천하지 않으면 족히 지라고 말할 수 없다『전습록』(중), 「답고동교서」, 133조목.

지와 행을 하나의 과정으로 통합하는 양명은 지와 행은 실제적인 실천 활동 과정에서 비로소 합일의 의미를 지닌다고 밝히고 있는 것이다.

3. 학행합일과 양지 실현

양명은 『중용』 20장의 박학博學·심문審問·신사愼思·명변明辯·독행篤行, 이 다섯 가지를 배움學의 과정이자 동시에 실천行 과정으로 보고 이에 배움과 실천의 합일, 즉 '학행합일學行合一'을 통한 양지 실현을 주장한다.

생각건대 배우는 데는 의심이 없을 수 없기 때문에 물음問이

생기게 된다. 물음은 곧 배움學이자 실천行이다. 또 의심이
없을 수 없으므로 생각思하게 된다. 생각은 곧 배움이자 실
천이다. 또 의심이 없을 수 없으므로 변별辨하게 된다. 변별
은 곧 배움이자 실천이다. 변별이 이미 분명해지고, 생각이
이미 신중해지고, 물음이 이미 세밀해지고, 배움이 이미 능
숙해지고, 또 그리하여 그 공부를 그치지 않는 것, 이것을 돈
독히 실천하는 것篤行이라고 말한다. 배우고 묻고 생각하고
변별한 뒤에 비로소 그것을 실천行으로 옮긴다는 말이 아니
다. 그러므로 어떤 일에 능숙해지기를 구하는 것으로 말하면
배움學이라 하고, 의심이 해결되기를 구하는 것으로서 말하
면 물음問이라 하고, 학설에 통하기를 구하는 것으로서 말하
면 생각思이라 하고, 정밀하게 살피기를 구하는 것으로 말하
면 변별辨이라 하며, 실제로 이행하기를 구하는 것으로 말하
면 실천行이라고 한다. 생각건대 공부를 나누어 말하면 다섯
가지가 있지만, 그 일을 합해서 말하면 하나일 따름이다「전습
록」(중), 「답고동교서」, 136조목.

양명은 배움의 과정에서 발생하는 의문에 대해 묻고, 생

각하고, 분별하는 사고의 과정 자체를 '배움'은 물론 '실천'으로 규정하고 있다. 이는 양명이 말하는 배움이 순수한 이론 학습을 의미하는 것이 아니라 실제적인 실천을 포함하는 배움이라는 점에서 기인한다. 배움의 진행 과정에서 의문에 직면하게 되면 자세히 묻기도 하고 신중히 생각하기도 하고 명석하게 분별하기도 하는 사고 과정 또한 실천 과정 중에 진행되는 것이므로, 이 또한 실천의 한 측면으로볼 수 있다. 따라서 실천 과정에서 진행되는 사고 과정은 실천이 진행되는 과정에서 나타나는 오류를 바로잡거나 실천의 방향성을 계속해서 제시해줌으로써 실천을 보다 명확하고 올바르게 성취토록 해준다. 이러한 측면에서 보았을 때, 배우고, 묻고, 생각하고, 변별하고, 실천하는 것은 서로 무관하게 시간적 선후를 지니면서 단계적으로 진행되는 다섯 가지 단계가 아니라 하나의 과정, 즉 실천하는 속에서 배우고, 묻고, 생각하고, 변별하는 동시적인 과정으로서, 동시에 시작되고 동시에 진행되며 동시에 완성되는 합일적 과정이라 말할 수 있다.

이러한 배움과 실천의 합일의 궁극적 목적은 바로 '양지 실현'에 있다. 양명은 먼저 주희의 '선지후행설先知後行說'과 '궁리설窮理說'이 지知(學)와 행行을 둘로 갈라놓는 문제가 있다고 비판한다.

지금 그대가 단지 배우고 묻고 생각하고 분별하여 천하의 이理를 궁구하는 것만을 거론하면서 독실하게 실천하는篤行 것을 언급하지 않았는데, 이것은 배우고 묻고 생각하고 분별하는 것만을 지知로 여겨서 이理를 궁구할 때는 어떤 실천行도 없다고 말하는 것이다. 세상에 어찌 실천하지 않고도 배우는 것이 있겠는가? 어찌 실천하지 않고도 마침내 이理를 궁구한다고 말할 수 있겠는가? 명도明道 선생께서는 "단지 이理를 궁구하기만 하면 곧 본성을 완전히 실현하고 천명에 이른다"고 하였다. 그러므로 반드시 인仁을 실천하여 인의 궁극에까지 이른 뒤에야 인의 이理를 궁구했다고 말할 수 있으며, 의義를 실천하여 의의 궁극에까지 이른 뒤에야 의의 이理를 궁구했다고 말할 수 있다. 인을 실천하여 인의 궁극에까지 이르렀다면 인의 본성을 완전히 실현한 것이다. 의를 실천하여 의의 궁극에까지 이르렀다면 의의 본성을 완전히 실현한 것이다. 세상에 어찌 이理를 궁구하는 데는 지극하지만 아직 실천으로 옮기지는 못했다는 그런 학문이 있을 수 있겠는가? 그런 까닭에 실천하지 않는 것은 학문이 아니라는 것을 안다면 실천하지 않는 것은 이理를 궁구하는 것이 아니라는 것을 알게 된다. 실천하지 않는 것은 이理를 궁구하는 것이 아니라는 것을 안다면 지와 행이 합일하고 함께 진행하여 두 가지 일로 나눌 수 없다는 것도 알게 된다. 무릇 온갖 사물의 이理는 내 마음에서 벗어나지 않는다. 그런데도 천하의 이理를 궁구한다고 기필코 주장한다면, 이것은 아마도 내 마음의 양지를 충분하지 못하다고 여겨서 밖으로 드넓은 천하에서 구하여 그것을 보충하고 더하려는 것이니, 여전히 마음과 이理를 둘로 나누는 것이다. 무릇 배우고 묻고 사색하고 변별하고 돈독히 행하는 공부는 비록 애써서 알고 힘써서 행하는 사람의 경우에 다른 사람보다 백배의 노력을 더해야 확충이 지극해져서 본성을 완전히 실현하고 하늘을 아는 데 도달할지라도, 역시 내 마음의 양지를 지극한 데까지 확충하는 것에 불과할 따름이다. 양지 이외에 어찌 다시 터럭만큼이라도 보탤 것이 있겠는가? 이제 기필코 천하의 이치를 궁구한다고 주장하고 마음에 돌이켜 구할 줄 모르는데, 그렇다면 이른바 선악의 기미와 진위의 분별을 마음의 양지를 버리고 또 어디서 체험하고 성찰하겠는가?『전습록』(중), 「답고동교서」, 136조목.

본래 주희는 『중용』의 '학學·문問·사思·변辨·행行' 가운데 학·문·사·변, 이 네 가지는 외재 사물에 내재된 이리物理·事理를 탐구하는 인식 과정知으로 보고, 독행篤行은 수신修身으로부터 처사접물處事接物에 이르는 실천 과정行으로 보아, 지와 행을 선후의 관계로 나누어 본다. 이러한 주희의 주장에 대해 양명은 실천하지 않고 배울 수 있는 것은 없으며, 실천하지 않고 별도로 궁리窮理할 수 없다고 반론을 제기하고 있는 것이다. 궁리와 실천은 상호 선후의 차서를 지니거나 분리되어 있는 것이 아니라 궁리는 실천 과정에서 이루어진다. "인仁의 이리를 궁구한다" 또는 "의義의 이理를 궁구한다"는 것은 인과 의를 조금도 미진함 없이 극진히 실천하여 인과 의의 궁극적 경지에 도달함으로써 본성을 완전히 실현한 연후에 인 또는 의의 이理를 궁구하였다고 말할 수 있는 것이다. 따라서 실천하지 않는 것을 배움이라 할 수 없으며, 실천하지 않는 것을 궁리라고 할 수 없다는 것이다. 궁리를 사물에 내재된 존재의 법칙所以然之故이나 당위의 도덕적 규범所當然之則을 인식하는 과정으로 국한시키고 있는 주희와 달리 양명은 궁리조차도 자신에게 내재된 본성을 실제적인 실천을 통해 구현하는 과정으로 보아 학행學行은 물론 궁리까지도 하나의 실천 과정으로 통합하고 있다.

궁리를 실천 과정으로 통합할 수 있는 근거는 바로 '심즉리', 즉 마음의 실천 조리에 대한 무한한 창출성에 기인한다. 사실상 양명에 있어 '궁리'의 '이理'는 객관 사물에 내재된 존재의 법칙이나 외재적인 당위의 규범을 의미하지 않는다. 이理는 인간이 천지만물과 감응하는 과정에서 마음으로부터 창출되는 '실천 조리'를 의미한다. 따라서 주희와 같이 마음 밖의 이理를 따로 인식하는 궁리의 과정은 불필요하게 된다. 오히려 마음으로부터 창출된 실천 조리가 개체 욕망의 장애를 받지 않으면서 실제적인 실천 행위를 통해 완전히 실현되도록 하는 주체적이고 자발적인 노력을 필요로 한다. 따라서 궁리의 '궁窮'은 외재적 이理에 대한 인식 과정이 아니라 마음으로부터 창출된 실천 조리를 실현하는 실천 행위로 전환된다고 말할 수 있다. 이러한 마음의 감응력과 창출성 그리고 실천력의 주체가 바로 '양지'이기 때문에, 배우고 묻고 생각하고 변별하고 실천하는 것은 물론 궁리조차도 '양지를 실현'하는 구체적 실천 방안이 된다.

9장
양지 실현의 다양한 실천 방안

'지행합일'은 양지를 실현하는 하나의 일로 통합한 양명은 또한 『맹자』의 '사상마련事上磨鍊', '집의集義', '필유사언必有事焉' 등을 양지를 실현하는 실천 공부로 규정하고 있다.

1. 사상마련事上磨鍊을 통한 양지 실현

양명은 39세 때 제자들에게 몸소 체험한 정좌靜坐를 가르치기 시작하여 3, 4년간 정적인 정좌 공부에 주력한 적이 있다. 그러나 43세 때 정좌 공부가 고요함靜만을 좋아하고 움직임動을 싫어하면서 오묘한 해석이나 깨달음에만 관심을 갖게 되는 폐단을 야기하게 되었다고 반성하고, 이후 천리를 보존하고 인욕을 제거하는(存天理·去人欲) 성찰省察 극치克治의 실제적인 공부를 주장한 바 있다. 예컨대 "고요한 때는 생각이 그런대로 괜찮다고 느끼다가도 일을 만나자마자 같지 않은 것은 무엇 때문입니까?"라는 육징의 질문에 양명은 다음과 같이 답변한다.

그것은 한갓 고요한 가운데서 수양할 줄만 알고 극기克己 공부를 하지 않았기 때문이다. 그와 같다면 일에 부딪혔을 때 곧 무너지게 된다. 사람은 반드시 일에서 연마해야만人須在事上磨 비로소 확고하게 일어설 수 있으며, 비로소 '고요해도 안정되고, 움직여도 안정될 수 있다靜亦定, 動亦定「전습록」(상), 「육징록」, 23조목.

정좌와 같은 정적인 공부는 사물과 관계 맺지 않은 무사시無事時의 경우에는 마음의 안정을 유지할 수 있을지 모르나 구체적인 일에 접할 경우 개체 욕망이 발동하게 되는 가능성을 배제할 수 없다. 따라서 실제적으로 사물과 관계를

맺는 '구체적인 일'에서 극기克己, 즉 자신의 개체 욕망을 제
거하는去人欲 성찰省察·극치克治의 동적動的인 실천 공부를 해
야 한다. 이를 통해서만이 동정動靜에 구애받지 않고 마음의
안정을 유지함으로써 자신의 생명 본질을 실현할(存天理=致
良知) 수 있는 것이다. 이렇듯 양명은 현실과의 단절과 괴리
를 야기하는 정좌와 같은 정적인 수행법으로부터 '사상마
련事上磨鍊'과 같은 '동적'인 실천 공부로 전환한 것이다.

　이러한 동적인 실천 공부로서의 '사상마련'은 곧 '양지를
실현'하는 일이며, 양지의 실현은 곧 이러한 동적인 사상마
련을 통해 이루어지는 것임을 양명은 다음과 같이 밝히고
있다.

　무릇 배우고 묻는 공부는 다만 주된 뜻의 핵심이 마땅해야
한다. 만약 주된 뜻의 핵심이 오로지 양지의 실현을 (행해야
하는 일로) 간주한다면, 무릇 많이 듣고 보는 것이 치양지致良
知의 공부가 아님이 없을 것이다. 생각건대 일상생활에서 보
고 듣고 응대하는 것이 비록 수천수만 가지 실마리라고 하더
라도, 양지가 발용發用유행하는 것이 아님이 없다. 보고 듣고

응대하는 것을 제외한다면 또한 실현할 수 있는 양지란 없다. 그러므로 (양지와 견문見聞은) 다만 하나의 일이다「전습록」(중), 「답구양숭일」, 168조목.

양지는 천지만물과의 감응 주체이다. 따라서 양지는 만물과 관계를 맺는 일상적인 삶의 한복판에서 보고 듣고 응대하는 등의 '구체적인 일'을 통해 발용 유행한다. 따라서 바로 이러한 보고 듣고 응대하는 등의 '구체적인 일'에서 개체 욕망을 제거하고 양지의 판단을 실천으로 이행하는 연마의 과정, 즉 '사상마련'을 통해 양지가 실현된다고 말할 수 있다. 결국 구체적인 일 위에서 연마하는 사상마련은 양지를 실현하는 실천 공부가 된다.

'사상마련'은 실제적인 인간사에 나아가서 개체 욕망을 극복·제거하고 양지의 판단에 의거하여 자신에게 주어진 역할을 충실히 이행하는 것으로서, 양명은 사상마련을 '격물치지格物致知'이자 일종의 '실학實學'으로 규정하기도 한다. 예컨대 어떤 하급 관리가 오랫동안 선생의 학문을 청강하고 "이 학문은 매우 좋기는 하지만 공문서를 관리하고 소송

을 관장하는 일이 번잡하여 학문을 할 수가 없습니다"라고
하자 양명은 다음과 같이 답변하였다.

내가 언제 그대에게 공문서를 관리하고 소송을 관장하는 일
을 떠나 허공에 매달려 강학講學하라고 가르친 적이 있는가?
그대에게는 이미 소송을 판결하는 일이 주어져 있으니, 그 소
송을 판결하는 일에서부터 학문을 해야만 비로소 진정한 격
물이다. 예를 들어 하나의 소송을 심문할 경우에 상대방의
응답이 형편없다고 화를 내서는 안 되며, 그의 말이 매끄럽
다고 기뻐해서도 안 된다. 윗사람에게 부탁한 것을 미워하여
자기 뜻을 보태서 그를 다스려서는 안 되며, 그의 간청으로
인해 자기 뜻을 굽혀서 그의 요구를 따라서도 안 된다. 자기
사무가 번잡하다고 멋대로 대충 판결해서도 안 되며, 주변 사
람이 비방하고 모해한다고 그들의 의견에 따라 처리해서도
안 된다. 이 수많은 생각은 모두 사사로운 것이며 단지 그대
만이 스스로 알고 있으니, 반드시 세심하게 성찰하고 극복하
여 오직 이 마음에 털끝만큼의 치우침과 기울어짐이라도 있
어서 사람의 시비를 왜곡시킬까 두려워해야 한다. 이것이 바

로 격물치지이다. 공문서를 관리하고 소송을 관장하는 일들은 실학이 아닌 것이 없다. 만약 사물을 떠나 학문을 한다면 도리어 공허한 데 집착하는 것이다 『전습록』(하), 「진구천록」, 218조목.

송사를 담당한 관리는 송사와 관련된 구체적인 일에 나아가 일을 처리함에 있어, 진솔한 자세로 송사를 처리하는 것이 바로 '사상마련'이자 '격물치지'라는 것이다. 여기서 중요한 한 가지 사실은, 송사를 처리함에 있어 외적으로는 절대로 상대방 또는 주변 사람들의 말에 동요되거나 청탁에 영향을 받아서는 안 되며, 또한 내적으로 자신의 인위적인 감정에 치우쳐서도 안 된다는 것이다. 내부적·외부적으로 이러한 것에 이끌리는 것은 모두가 개체 욕망에서 기인하는 것이다. 만일 이로 인해 마음에 편벽됨이 발생하면 송사의 옳고 그름에 대해 양지의 영명한 판단을 저해하게 된다. 따라서 구체적인 일에서 내면의 개체 욕망을 제거하고 양지를 실현하는 사상마련의 실천 공부를 해야 한다. 이것이 바로 실학으로서 구체적인 일을 떠나 단지 지식만을 탐구하는 학문은 실학이 아니다. '사상마련'은 만물과 이루어진 다양한 관계망 안에서 전개되는 구체적인 일에서 개체 욕망을 제거하고 양지를 실현하는 일에 다름 아니다.

2. 집의集義를 통한 양지 실현

양명은 나아가 "대저 필유사언必有事焉은 다만 집의集義이니, 집의는 다만 치양지致良知이다"「전습록」(중), 「답섭문울」, 187조목라고 하여, 『맹자』의 '필유사언'과 '집의'를 양지를 실현하는 일로 규정하고 있다.

먼저 집의의 대상이 되는 '의義'란 무엇을 의미하는지에 대해 살펴보자. 양명은 의에 대해 다음과 같이 말한다.

의義는 곧 양지니, 양지가 두뇌라고 하는 것을 알면 바야흐로 집착이 없게 된다. 또한 예를 들어 사람이 보내준 선물을 받는 경우 또한 오늘은 마땅히 받아도 되나 다른 날에는 마땅히 받아서는 안 되는 경우가 있으며, 또한 오늘은 마땅히 받아서는 안 되나 다른 날에는 마땅히 받아도 되는 경우가 있다. 네가 만일 오늘 마땅히 받아도 되는 것에 집착하여 일체

를 받으며 오늘 마땅히 받아서는 안 되는 것에 집착하여 일

체를 받지 않는다면, 이는 곧 어느 한쪽에만 마음을 전적으

로 기울이는 것으로 양지의 본체가 아니니, 어떻게 의라고

부를 수 있겠는가?『전습록』(하), 「황성증록」, 248조목.

양지가 바로 마음의 본질적 속성(性 = 天理)이기 때문에, 마

음의 본질적 속성으로 정의되는 '의' 또한 양지와 일원화된

다. 따라서 양지로서의 의는 고정된 외재적 준칙에 의거하

는 것이 아니라 자체의 자각적 판단력을 통해 주어진 상황

에 따라 시비의 준칙을 새롭게 설정해나가는 수시변역성隨

時變易性을 지닌다고 말할 수 있다. 후厚하게 대해야 할 상황

에 처해서는 후하게 대하고 박薄하게 대해야 할 상황에 처

해서는 박하게 대하는 것이 바로 양지에 의해 창출된 자연

한 실천 조리로서, 이것이 바로 '의'이다. 집의의 대상이 되

는 '의'는 외재적인 당위의 도덕규범 또는 고정불변한 준거

로서 마음 밖으로부터 인식되는 것이 아니라, 마음이 내재

하고 있는 본질적인 생명성인 것이다.

그렇다면 '집의'란 무엇을 의미하는 것일까? 양명은 다음

과 같이 말한다.

> 마음의 본체는 원래 동요하지 않는 것이다. 단지 행하는 것
> 이 의義에 합치되지 않기 때문에 동요하게 된다. 맹자는 마
> 음이 움직이는지 움직이지 않는지를 따지지 않고, 다만 의를
> 쌓았을集義 뿐이다. 행하는 것이 의롭지 않은 것이 없다면, 이
> 마음은 자연히 동요할 수 있는 곳이 없다. 고자告子와 같이
> 다만 이 마음이 동요하지 않기만을 바라는 것은 바로 이 마
> 음을 붙잡는 것이니, 장차 그침 없이 낳고 낳는 마음의 뿌리
> 를 도리어 막아서 휘어버릴 것이다. 이것은 단지 보탬이 없
> 을 뿐만 아니라 도리어 그것을 해치게 된다. 맹자의 집의공
> 부集義工夫는 자연히 충만하게 길러서 결코 굶주려 쭈그러듦
> 이 없으며, 자연히 종횡으로 자유자재하여 활발하다. 이것이
> 바로 호연지기浩然之氣이다 『전습록』(하), 「황성증록」, 272조목.

양명은 만일 인간의 실천 행위가 생명 본질로서의 '의'에
부합되면 이는 곧 개체 욕망의 발동과 개입의 차단을 의미
하기 때문에 맹자가 집의만을 논하고 동動·부동不動을 말하

지 않은 것이라 본다. 반면 고자처럼 인위적으로 마음을 작용하지 못하게 하면 이는 오히려 생생불식生生不息한 마음의 본질을 질곡시켜 발현되지 못하도록 하는 결과를 초래하게 된다고 비판한다. 따라서 '집의'는 마음을 인위적으로 작용하지 못하도록 제어하는 것이 아니라, 생명 본질이 활발하게 발현될 수 있도록 마음을 충만하게 양육해주는 것을 의미한다.

이러한 집의에 대한 정의를 바탕으로 양명은 '집의'가 다름 아닌 양지를 실현하는 일이라고 다음과 같이 주장한다.

의義란 마땅함宜이다. 마음이 그 마땅함을 얻는 것을 의라고 한다. 양지를 실현할 수 있다면 마음은 그 마땅함을 얻게 된다. 그러므로 의를 쌓는 것도 다만 양지를 실현하는 것일 뿐이다. 군자는 온갖 변화에 응수하는데, 마땅히 행해야 한다면 행하고, 마땅히 그쳐야 한다면 그치고, 마땅히 살아야 한다면 살고, 마땅히 죽어야 한다면 죽는다. 헤아리고 조정하는 것이 자신의 양지를 실현하여 스스로 만족하기自慊를 구하지 않음이 없다「전습록」(중), 「답구양숭일」, 170조목.

여기서 의義는 '마땅함宜'이라 전제되면서도, 또한 마음이 마땅함을 얻는 것이 '의'로 정의된다. 따라서 '의'는 단순히 마음이 스스로 설정한 당위의 시비준거를 아는 단계만을 지칭하는 것이 아니라, 그 마음이 실천 행위를 통해 그 당위의 시비준거를 실현하는 단계까지를 포함한다. 양명학에 있어 인간이 실천해야 하는 당위의 시비준거는 밖에서 주어지는 것이 아니라 바로 자신의 생명 본질에 근거하여 자신의 마음으로부터 창출된다. 그리고 마음으로부터 창출된 당위의 시비준거는 반드시 실천으로 이행됨으로써만 실현될 수 있다. 따라서 '집의集義'는 대상과의 끊임없는 관계성 속에서 이루어지는 사위事爲, 즉 실천 행위 과정에서 마음의 생명 본질로서의 양지를 실현시켜나가는 일이 된다.

인간은 천지만물의 여타 부분들과 관계를 맺는 과정에서 양지에 의거하여 만물의 생명의 온전성과 자신의 의념에 대한 시비·선악 판단은 물론 자신의 실천 방향성으로서의 실천 조리를 창출한다. 이것들은 인간이 유기적인 생명 활동을 통해 구현해야 하는 '마음의 마땅함', 즉 당위의 실천 준거라 할 수 있다. 그리고 '집의'는 실제적 실천 활동을 통해 마음의 마땅함을 실현하는 것이다. 마음의 마땅함의 실현은 곧 양지의 자각적 판단의 실현을 의미하므로, '집의'는 곧 실천 행위를 통한 양지의 실현을 의미하게 된다.

3. 필유사언必有事焉을 통한 양지 실현

마지막으로 『맹자』의 '필유사언'과 '양지 실현'의 관련성 문제이다. 다음의 문답을 보자.

황이방이 물었다. "선대의 유학자는 (『시경』의) '소리개가 날고 물고기가 뛰논다鳶飛戾天, 魚躍于淵'는 것과 (『맹자』의) '반드시 일삼음이 있다必有事焉'는 것은 똑같이 활발발活潑潑한 것이라고 하였습니다." 선생님이 대답하였다. "역시 옳다. 천지 사이에 활발발한 것은 이 이치 아닌 것이 없는데, 그것은 바로 나의 양지가 유행하여 쉬지 않는 것이다. 양지를 실현하는 것이 바로 '반드시 일삼음이 있는' 공부이다. 이 이치는 떠나서는 안 될 뿐만 아니라, 실제로 떠날 수도 없다. 어디를 가더라도 도道가 아닌 것이 없으며, 어디를 가더라도 공부 아닌 것이 없다" 『전습록』(중), 「황이방록」, 330조목.

　소리개가 날고 물고기가 뛰어오르는 것과 같은 자연의 요동치는 생명 현상과 반드시 일삼음이 있는 '필유사언', 즉 실제 인간사에서 전개되는 인간의 역동적 생명 현상은 모두 총체적 천지만물의 생명 본질인 천리天理의 발현이다. 아울러 이러한 자연과 인간의 역동적 생명 현상은 바로 인간 양지의 생생불식生生不息한 생명의 창출·양육 과정을 의미한다. 따라서 '필유사언'이란 자연과 인간이 일체화된 속에서 전개되는 양지에 의한 생명의 창출·양육 과정을 실현시켜 나가는 일이라 정의할 수 있다.

　이러한 '필유사언'은 '집의'라고 양명은 다음과 같이 말한다.

　'반드시 일삼음이 있어야 한다'는 것은 다만 시시각각 '의로움을 쌓는' 것이다. 만약 시시각각 '반드시 일삼음이 있어야 한다'는 공부를 하되 혹 끊어지는 때가 있다면, 이것은 바로 잊어버린 것이니, 즉시 '잊지 말아야 한다勿忘'는 공부를 해야 한다. 시시각각 '반드시 일삼음이 있어야 한다'는 공부를 하되 혹 효과를 빨리 구하고자 하는 때가 있다면, 이것은 바로 조장助長한 것이니, 즉시 '조장하지 말아야 한다勿助'는 공부를 해야 한다. 그 공부는 완전히 '반드시 일삼음이 있어야 한다'는 데 나아가 하는 것이며, '잊지도 말고 조장하지도 말라'는 것은 다만 그 사이에서 경각심을 진작시키는 것일 뿐이다. 만약 이 공부가 원래 끊어지지 않는다면 다시 잊지 말라고 말할 필요가 없으며, 이 공부가 원래 효과를 빨리 구하려고 하지 않는다면 다시 조장하지 말라고 말할 필요가 없다. 이렇다면 그 공부가 얼마나 분명하면서도 간이하며, 얼마나 자연스럽고 자유로운가?『전습록』(중), 「답섭문울」, 186조목.

'필유사언'은 언제나 의를 모으는 '집의'라는 것이다. 양명은 만일 항상 '필유사언'을 함에 혹 끊어지는 때가 있다면 이는 곧 잊는 것이니 '물망勿忘', 즉 잊지 말아야 한다고 한다. 또한 항상 '필유사언'을 함에 혹 빨리 효과를 거두고자 하는 때가 있다면 이는 곧 조장하는 것이니 '물조勿助', 즉 조장하지 말아야 한다고 한다. 잊지 말라는 '물망'은 끊임없이 변화하는 천지만물의 생명 본질에서 기인한다. 천지만물의 생명 중추로서의 인간이 천지만물의 끊임없는 변화에 감응하며 생명 창생 활동에 참여 또는 이를 주체적으로 이끌어 가기 위해서는 단 한순간도 천지만물과 단절이 있어서도 안 되며, 또한 마음의 감응에 따른 실천 활동에 중단이 있어서도 안 된다. 따라서 '잊지 말라'는 것은 바로 천지만물을 온전하게 창생·양육시켜나가는 양지의 감응과 실천 활동을 중단하지 말라는 뜻으로 이해될 수 있다. 아울러 조장하지 말라는 '물조' 또한 천지만물의 생명 본질과 깊은 관련성이 있다. 맹자는 송나라 사람이 벼의 싹을 빨리 자라게 하기 위해 이를 억지로 뽑아 놓음으로써 오히려 벼의 싹이 모두 말라버렸다는 이야기를 통해 조장의 문제점을 지적하고 있다. 인간의 욕심 때문에 천지만물의 생명 질서를 거역하고 인위적으로 조장을 하게 되면 오히려 생명을 손상시키는 결과를 초래하게 된다는 것이다. 천지만물과의 감응을 통한 인간의 실천 활동은 천지만물을 온전하게 창생·양육시켜나가는 데 그 목적이 있다. 따라서 강제적·인위적 행동이 아닌 천지만물의 자연한 질서를 바탕으로 이들과 끊임없이 감응하고 이에 따라 실천을 해야만 이들의 생명을 온전하게 유지시켜줄 수 있다. 그러나 빨리 효과를 거두고자 하는 것은 양지의 감응에 의한 것이 아니라 개체 욕망에서 기인하는 것으로, 이에 따른 인위적·강제적 실천 행위는 오히려 천지만물의 생명을 질곡 또는 손상시키는 결과를 초래하기 때문에 조장해서도 안 된다. 따라서 '조장 하지 말라'는 것은 양지의 감응과 실천 작용을 방해하는 개체 욕망의 개입을 차단함으로써 천지만물의 생명 질서에 순응하여 양지를 온전하게 실현시켜나가도록 하라는 의미 로 볼 수 있다.

이러한 잊지도 않고 조장하지도 않는 '필유사언'은 결국 은 양지 실현으로 귀결되는 것임을 양명은 다음과 같이 밝 히고 있다.

'반드시 일삼음이 있되 잊지도 말고 조장하지도 말라'는 것은 사물이 다가오면 다만 내 마음의 양지를 다하여 그에 응한다 는 말이며, 이른바 (『중용』의) "충서忠恕는 도道와 거리가 멀지 않다"는 의미이다. 어떤 일을 처리하는 경우에 잘함과 잘못함의 구별이 있고, 매우 난처하여 순서를 잃어버리는 근심이 있는 것은 모두 비난과 칭찬, 얻음과 잃음에 이끌려서 그 양지를 실제로 실현할 수 없기 때문이다. 만일 실제로 그 양지를 실현할 수 있다면, 평소에 일처리를 잘했다고 불리던 것이 반드시 잘한 것은 아니며, 일처리를 잘못했다는 것이 실은 비난과 칭찬, 얻음과 잃음에 이끌려서 스스로 그 양지를 해쳤음을 깨닫게 될 것이다 『전습록』(중), 「답주도통서」, 147조목.

천지만물과 끊임없이 관계를 맺어나가는 '필유사언'의 과정은 곧 양지의 감응 과정이다. 다만 타인으로부터 비방을 듣거나 자신의 이익을 상실하는 것을 싫어하고 명성을 듣거나 이익을 획득하는 것을 좋아하는 등과 같은 개체 욕망에 얽매이지 않도록 해야 한다. 이렇게 함으로써 양지를 통해 천지만물의 생명의 온전성을 판단하고 나아가 실천 행위를 창출하여 천지만물의 생명을 온전하게 유지시켜줌은 물론 자신의 생명 본질을 구현할 수 있게 된다. 따라서 '필유사언'은 천지만물을 건강하게 창생·양육하는 인간의 유기적 생명성으로서의 양지를 실현하는 일이라고 말할 수 있다.

양명은 '필유사언'이 '집의'이고 집의가 곧 '치양지'임을 다음과 같이 밝히고 있다.

'반드시 일삼음이 있어야 한다'는 것은 단지 '의로움을 쌓는' 공부일 뿐이다. 의로움을 쌓는 공부는 단지 '양지를 실현하는' 공부일 뿐이다. '의로움을 쌓는다'고 말하면 핵심을 단번에 드러내지 못하지만, '양지를 실현한다'고 말하면 곧바로 공부할 수 있는 실제적인 토대가 된다. 그러므로 나는 오로지 치양지만을 말한다「전습록」(중), 「답섭문울」, 187조목.

필유사언이든 집의이든 모두 양지 실현이라는 치양지로 귀결된다. 치양지는 공부할 수 있는 실질적 토대로서 양명의 모든 이론과 주장들은 모두 치양지로 귀결되는바, 치양지설은 양명철학의 진수이자 결실이다.

10장
양지 실현의 최후 경계

인간과 천지만물은 본원적으로 하나의 생명체이며, 인간은 천지만물의 마음이다. 이에 인간은 누구나 선천적으로 천지만물의 생명 손상을 아파하고 이들의 상처를 치유하고 이들을 건강하게 양육하는, 즉 천지만물과의 감응 주체인 '양지良知'를 갖고 태어난다. 그러나 인간은 다른 한편 그 자체로서 하나의 개체생명이기에 자신의 이익과 안위에만 집착하는 '개체 욕망私欲'을 갖고 있다. 개체 욕망은 천지만물과의 유기적·상보적 관계망을 단절시키고 갈등과 투쟁을 야기한다. 본원적으로 인간은 천지만물과 일체이나 현실적으로는 개체 욕망으로 인해 천지만물과 단절된 상태에 놓여 있게 되는 것이다. 그러나 그 단절은 영원히 극복될 수 없는 영원한 단절이 아니다. 우리는 삶의 장 한가운데서 양지 실현의 실천 공부를 통해 개체 욕망을 제거하고 영명한 감응 주체인 양지를 회복·실현함으로써 천지만물과 진정한 하나가 될 수 있다. 천지만물과 진정으로 하나가 되는 '천지만물일체=여물동체與物同體=물아일체物我一體'의 경지가 바로 양지 실현의 최후 경계이다. '지행합일知行合一'과 '사상마련事上磨鍊', '집의集義', '필유사언必有事焉' 등과 같은 양지를 실현하는 실천 공부는 바로 인간 자신의 선천적 본성을 실현하는 일(明明德·成己·內聖·修己)임과 동시에 인간 자신과 천지만물이 진정으로 하나가 되는 일(親民·成物·外王·治人)이다.

분명 양지 실현의 최후 경계는 '천지만물일체=여물동체=물아일체'의 세계이다. 다만 양지는 인간 자신의 선천적이고 주체적인 시비준칙이자 시비판단 주체이며 실천행위의 주체이다. 그렇기 때문에 양지 실현의 실제성 여부는 인간 마음 밖에서 찾을 수 있는 것이 아니라 인간 내면에서 찾아야 하는 문제이다. 그래서 양명 또한 양지 실현을 통해 도달하는 내면의 경지로서 '스스로 만족함自慊'과 '참된 즐거움眞樂'을 제시하고 있다.

1. 스스로 만족함의 경지

양명은 양지 실현을 통해 도달하는 내면적 경지에 대해 다음과 같이 말한다.

그대가 갖고 있는 한 점의 양지는 그대 자신의 준칙이다. 그대의 의념이 붙어 있는 곳에서 그것은 옳은 것을 옳은 것으로 알고 그른 것을 그른 것으로 알기에, 다시 조금이라도 속일 수 없다. 그대가 다만 자신의 양지를 속이려 하지 않고 착실하게 그것에 의거하여 (무엇이든) 행한다면 선은 곧 보존되고 악은 곧 제거될 것이다. 그러한 곳이 얼마나 온당하며 시원스럽고 즐거운가! 이것이 바로 격물格物의 참된 비결이며, 치지致知의 실질적인 공부이다『전습록』(하), 「진구천록」, 206조목.

다만 이 자연히 아는 밝음이 곧 양지이다. 이 양지를 실현하여 '스스로 만족함自慊'을 구하는 것이 곧 치지致知이다「전집」, 권 5, 「여왕공필與王公弼」.

인간은 자신의 시비준칙이자 자각적 판단력으로서의 양지에 의거하여 착실하게 선을 행하고 악을 제거함爲善去惡으로써 양지를 실현하게 될 경우에는 내적으로 '온당한 쾌락'과 '스스로 만족함'의 경지에 도달하게 된다는 것이다.

반면 그렇지 못한 경우에는 불안감을 느끼게 된다고 양명은 다음과 같이 말한다.

부귀를 버려야 할 때 부귀를 버리는 것은 다만 양지를 실현하는 것이고, 어버이와 형의 명을 따라야 할 때 어버이와 형의 명을 따르는 것 또한 다만 양지를 실현하는 것이다. 그 사이에 경중을 헤아리느라 조금이라도 양지에 사의私意가 끼어들게 되면 스스로 편안하지 못하게 된다「전집」, 권6, 「여왕공필」.

개체 욕망이 개입되지 않은 상황에서는 양지의 영명한 자각적 시비판단에 따라 부귀를 버리거나 부형의 명을 따르는 등의 실천 행위가 자연스럽게 진행됨으로써 양지가 실현된다. 그러나 그 과정에서 개체 욕망으로 인해 이해득실을 따지는 사사로운 의념이 조금이라도 개입하게 되면, 내적으로 스스로의 만족이 아닌 스스로 편안하지 못한 '불안감'을 느끼게 된다는 것이다.

사실상 만물과의 감응 과정에서 전개되는 양지 실현의 전 과정, 즉 양지의 자각적 시비판단, 실천 조리의 창출, 실천 의지의 발동, 실천 행위로의 이행 과정뿐만 아니라 양지 실현을 가로막는 개체 욕망의 발동 모두 인간 내면에서 이루어지는 총체적인 생명 활동이다. 따라서 양지의 실현 여부를 판단할 수 있는 준거 또한 마음 바깥의 사물 세계에 있는 것이 아니라 바로 인간 자신의 내면, 즉 인간 자신의 마음에 달려 있는 것이다. 내적인 마음의 편안한 '만족감'과 편안하지 못한 '불안감'은 양지가 작용하는 표현 방식으로, 마음의 편안함과 불안함은 양지를 검증하고 시비를 판단하는 하나의 방법이 될 수 있다.

양지의 실현 여부는 어떠한 외재적 준거가 아닌 인간 자신의 내면에서 스스로 만족감을 느끼는가 아니면 불안감을 느끼는가에 따라 판단될 수 있는 것이다. 나아가 양명은 다음과 같이 말한다.

군자는 온갖 변화에 응수하는데, 마땅히 행해야 한다면 행하고, 마땅히 그쳐야 한다면 그치고, 마땅히 살아야 한다면 살고, 마땅히 죽어야 한다면 죽는다. 헤아리고 조정하는 것이 자신의 양지를 실현하여 스스로 만족함自慊을 구하지 않음이 없다「전습록」(중), 「답구양숭일」, 170조목.

인간에게 있어서의 양지 실현의 귀결처는 마음 밖에 존재하는 물질적인 부귀영화나 타인들로부터의 칭송과 명예를 얻는 데 있는 것이 아니라 인간 내면에서의 스스로 만족함을 구하는 데 있다는 것이다.

군자의 학學은 오직 그 마음을 구하는 것으로서 비록 천지를 세우고 만물을 양육하는 데 이르더라도 내 마음 밖으로 벗어나는 것이 없다. … 마음 바깥에 일이 없으며, 마음 바깥에 이理가 없다. 그러므로 마음 바깥에 학學이 없다. 이 때문에 어버이에 대해서는 자식이 자신의 마음의 인仁을 다하고, 임금에 대해서는 신하가 자신의 마음의 의義를 다하는 것과, 자신의 마음의 충신忠信을 말하고, 자신의 마음의 독경篤敬을 행하는 것과, 마음의 분노를 징계하고, 마음의 욕망을 막고, 마음의 선함을 실천으로 옮기고 마음의 그릇됨을 고치는 등과 같은 사물을 처리하는 일은 가는 곳마다 내 마음을 다함으로써 스스로 만족함을 구하는 것 아닌 것이 없다「전집」, 권7, 「자양서원집서」.

만물의 창생·양육은 물론 인간관계 속에서의 인의仁義의 실천, 그리고 위선거악爲善去惡하는 모든 실천 행위 등은 모두가 내면적으로 '스스로 만족함自慊'을 구하는 일로 귀결된다. 인간이 천지만물과의 유기적 관계망 안에서 양지를 실현하고자 함은 내적으로 진정한 만족함의 상태에 도달하고자 함이며, 또한 양지 실현은 내적으로 진정한 만족함의 상태에 도달하는 것으로 귀결된다. 따라서 양지가 온전하게 실현되었는가 하는 판단의 근거는 자신의 시비판단이나 실천 행위가 외재적인 규범이나 격식에 부합되는가에 달려 있지 않다. 또한 타인이 인정하는가에도 달려 있지 않다. 이는 자신이 내면적으로 진정한 만족을 느낄 수 있는가에 달려 있다. 그러므로 이러한 진정한 내적 만족은 인간이 자신의 생명 본질을 구현함으로써 스스로 도달할 수 있는 궁극적 경지이며, 또한 양지의 진정한 실현 여부를 내면적으로 판단할 수 있는 근거가 된다.

이에 양명은 이상적 인간상으로서의 성인이 양지 실현을 통해 도달하는 궁극적 경지는 다름 아닌 내면적인 스스로의 만족함에 있음을 다음과 같이 명확히 밝히고 있다.

양지가 사람의 마음에 있는 것은 성인과 어리석은 사람의 구분이 없으며, 천하 고금이 다 같다. 세상의 군자가 오직 양지를 실현하는 데 힘쓰기만 한다면, 저절로 시비是非를 공유하고 호오好惡를 함께하며, 남을 자기와 같이 보고 나라를 한 집안처럼 보아서 천지만물을 한몸으로 여길 수 있다. 그러면 천하가 다스려지지 않기를 구할지라도 얻을 수 없을 것이다. 옛 사람들이 타인의 선행을 보기를 마치 자기로부터 나온 듯이 여기며, 타인의 악행을 보기를 마치 자기가 악에 빠진 것처럼 여길 뿐만 아니라, 백성의 굶주림과 곤고함을 마치 자기의 굶주림과 곤고함처럼 보았으며, 한 사람이라도 자기 자리를 획득하지 못하면 마치 자신이 그를 도랑에 밀어 넣은 것처럼 여겼던 까닭은 의도적으로 그렇게 행하여 천하 사람들이 자기를 믿어주기를 바랐기 때문이 아니다. 자신의 양지를 실현하여 스스로 만족함을 구하는 데 힘썼을 따름이다「전습록」(중), 「답섭문울」, 179조목.

인간 누구나 선천적으로 내재하고 있는 양지를 실현함으로써 도달하는 인간의 궁극적 경지가 바로 '성인됨'이다. 성인은 천지만물과 자·타와 물·아의 구분을 두지 않고 천지만물의 생명 손상과 고통을 자신의 아픔으로 느끼고 이들을 안전하게 보살핌으로써 '천지만물과 하나 됨天地萬物一體=與物同體'을 실현하는 참된 인간의 모습이다. 이렇듯 만물의 굶주림과 고난을 함께하고 생명 손상을 치유하고 양육하면서 천지만물과 진정으로 하나 되는 양지 실현의 궁극적 목적은 타인으로부터 명성을 얻는 데 있는 것이 아니라 바로 자신의 내면세계에서 '스스로 만족함'을 얻는 데 있음을 양명은 세상에 천명하고 있는 것이다.

2. 참된 즐거움의 경계

양지 실현의 궁극적 목적이 '스스로 만족함'을 구하는 데 있고, 양지 실현을 통해 내적으로 '스스로 만족함'에 이르게 된다고 주장하는 양명은 '즐거움樂'이야말로 마음의 본체이며, '양지'는 즐거움의 본체라고 규정한다. '즐거움'의 최고 경계는 개체의 명예와 이익, 부귀 등의 속박을 초월하여 심령으로 하여금 천지와 함께 유행하는 경지이다. 그렇다고 이러한 경지가 사람들이 일상생활 속에서 경험하는 정감 범주의 감성쾌락과는 완전히 다르다고 할 수는 없다. 양명은 『전습록』(하), 「황성증록」, 290조목에서 마음의 본체로서의 '즐거움'은 인간의 총체적 감정을 의미하는 칠정七情 가운데 하나로서의 '즐거움'과는 같지 않지만 또한 칠정의 즐거움을 벗어나는 것이 아니라고 주장한다. 또한 칠정의 감정이란 인간의 고유한 생명 현상이기 때문에 감정의 자연한 유행은 곧 양지의 발용이 되는 반면, 감정이 집착에 빠진 상태는 욕망으로서 오히려 양지를 차폐遮蔽시킨다고 주장한 바 있다.

　인간의 고유한 생명 현상으로서의 '감정'은 발용 상태에 따라 마음의 본질로서의 천리天理에 부합될 수도 있고, 개체 욕망의 발동과 차폐로 인해 이에 부합되지 않을 수도 있다. 따라서 칠정 가운데 하나인 즐거움 또한 발용 과정에서 개체 욕망의 개입 여부에 따라 천리에 부합될 수도 있고 그렇지 못할 수도 있다. 그러므로 마음의 본체로서의 '즐거움'은 칠정의 즐거움과는 동일하지 않다고 말할 수 있는 반면, 마음의 본체로서의 즐거움 또한 인간의 고유한 생명 현상으로서의 칠정 가운데 하나인 즐거움을 별개로 하여 다른 방식을 통해 발용된다고 말할 수는 없다. 이에 양명은 양지를 즐거움의 본체로 규정하기도 하거니와 마음의 본체로서의 즐거움이든 즐거움의 본체로서의 양지든 모두가 인간의 고유한 생명 현상 가운데 하나인 감정을 통해 발용되는 것이기 때문에 칠정의 즐거움을 벗어나는 것은 아니라고 말할 수 있다.

　양명은 마음의 본체로서의 즐거움이 비록 칠정 중의 즐

거움과는 같지 않지만 또한 칠정의 즐거움을 벗어나지도 않는다고 전제하면서 다음과 같이 말한다.

비록 성현에게 따로 참된 즐거움眞樂이 있지만, 또한 보통 사람도 똑같이 지니고 있다. 다만 보통 사람들은 그것을 지니고 있으면서도 스스로 알지 못하고, 도리어 스스로 수많은 근심과 고뇌를 찾으며 미혹과 자아 방기를 덧보탠다. 비록 근심과 고뇌, 미혹과 자아 방기 가운데 있을지라도 그 즐거움은 또한 있지 않은 적이 없다. 한 생각이 환하게 열리고 자기 몸에 돌이켜서 성실하면 (즐거움이) 거기에 있게 된다『전습록』(중), 「답육원정서」, 166조목.

성인이나 현자뿐만 아니라 일반인 모두 '참된 즐거움'을 선천적으로 지니고 있다. 그러나 일반인은 내 마음에 참된 즐거움이 있음을 알지 못하고 마음 밖에서 이를 찾아 근심과 고통 속에서 헤매며 자아를 방기하게 된다는 것이다. "수많은 근심과 고뇌를 찾는다"는 것은 참된 즐거움이 부귀영화 또는 타인으로부터의 명예나 칭송 등과 같이 마음 밖의 세계에 있다고 생각하여 이를 얻기 위해 근심하며 얻지 못해 고뇌하는 것을 의미한다. 그리고 "미혹과 자아 방기를 덧보탠다"는 것은 부귀영화나 명예 같은 외물外物에 유혹되어 이를 추구하다 내 마음 속의 참된 즐거움을 방기해버리는 것을 의미한다. 그러나 아무리 외물에 유혹되어 근심하고 고뇌하며 미혹되고 자아를 방기한다 하더라도 '참된 즐거움'은 내 마음의 본질적 속성心之本體이기에 상실되지 않는다. 다만 자신에게 돌이켜 성실하면反身而誠 그것이 곧 '진정한 즐거움'의 경지라는 것이다. '반신이성反身而誠'은 본래 『맹자』에서 "만물이 모두 나에게 갖추어져 있으니, 몸에 돌이켜서 성실하면 즐거움이 이보다 큰 것은 없다"고 한 말이다. '성誠'은 만물을 화육하는 하늘의 도天道이며, 양지는 즐거움의 본체이다. 따라서 양명의 입장에서 이를 해석하면 "천지만물과의 감응 주체인 양지가 내 마음에 갖추어져 있으니, 양지 실현을 통해 천지의 만물 화육을 도우면 내 마음은 참된 즐거움의 경지에 이르게 된다"고 말할 수 있다.

이렇듯 '참된 즐거움'은 천지만물과 하나가 되기 위한 마음의 본질적 속성이자 또한 천지만물과 하나 됨天地萬物一體一與

物同體을 통해 도달하는 마음의 궁극적 경지라고 양명은 다음과 같이 밝히고 있다.

> 즐거움樂은 마음의 본체이다. 어진 사람仁人의 마음은 천지만물로써 한몸을 삼아서 기쁘고 화창和暢하여 본래 간격이 없다. … '때때로 익힌다時習'는 것은 이 마음의 본체를 회복하는 것이며, '기쁘다'는 것은 본체가 점차 회복되고 있다는 것이다. '벗이 찾아온다朋來'는 것은 본체의 기쁨과 화창함이 천지만물에 두루두루 충만하여 간격이 없다는 것이다. 본체의 기쁨과 화창함이 본래 이와 같아서 애초에 일찍이 보탤 것이 있지 않다「전집」, 권5, 「여황면지이」.

'즐거움'은 개체 욕망이 개입되지 않은 순수한 마음의 본질적인 생명성에 다름 아니다. 어진 사람仁人, 즉 성인은 이를 통해 천지만물과 감응하는 과정에서 조화의 기운이 교감하고 기쁨과 화창한 생명력이 약동함으로써 천지만물과 간격 없이 하나의 생명의 관계망을 유지시켜나갈 수 있는바, 이는 바로 진정한 의미의 '즐거움'의 실현이며, 이 과정에서 인간은 또한 진정한 즐거움의 경지에 도달하게 된다는 것이다. '기쁨'과 '화창함'은 인간 마음의 본질적 속성이기에 여기에 더할 것도 없으며, 비록 천하가 나를 알아주지 않는다 하더라도 본질적 속성에는 감소될 것이 없다. 단지 천지만물과 하나 되는 지성무식至誠無息한 양지 실현을 통해 본질적 속성인 '참된 즐거움'을 맛보면 된다. 결국 '참된 즐거움'은 인간이 천지만물과 하나가 되기 위한 마음의 본질적 속성이자 또한 천지만물의 창생·양육 과정을 주체적·능동적으로 이끌어가야 하는 인간이 책임을 완수해나가는 과정이다. 즉 천지만물과 하나 됨(천지만물일체=여물동체=물아일체)의 과정에서 도달하는 '최후 경계'이자 '궁극적 경지'라고 말할 수 있다.

11장
대동사회와 친민정치론

지금까지 철학사상에 해당하는 양명의 우주론, 인간론, 수양론에 대해 알아보았다. 이제 경세론만 남았다. 경세론은 철학사상을 바탕으로 전개되며, 또한 철학사상을 실현하는 실제적 방안이기도 하다. 양명의 대표적인 경세론으로는 '정치론'과 '교육론'을 들 수 있는바, 먼저 양명의 '친민정치론親民政治論'에 대해 살펴보도록 하겠다.

1. 만물일체의 유기체적 대동사회

우주자연을 하나의 유기체로 보는 양명은 인간 사회 또

한 하나의 유기체로 보면서, 이상적인 유기체적 사회상으로 '대동大同사회'를 제시하고 있다. 다음과 같은 양명의 '발본색원론拔本塞源論'에서 인간 사회를 하나의 유기적인 생명체로 볼 수 있는 근거를 찾을 수 있다.

무릇 성인聖人의 마음은 천지만물을 한몸으로 삼으니, 세상 사람을 보는 데 안과 밖, 멀고 가까움의 차별을 두지 않는다. 혈기가 있는 것은 모두 그의 형제나 자식의 친속이기 때문에, 그들을 안전하게 가르치고 길러서 만물일체의 염원을 성취하고자 한다. 세상 사람의 마음은 처음에는 역시 성인과 다름이 없으나, 다만 나만 있다고 하는 사사로움에 이간離間되고, 물욕의 가려짐에 격단되어 큰 것이 그 때문에 작아지고 통하는 것이 그 때문에 막혀서 사람마다 제각기 사사로운 마음이 생겨났고, 심지어 자신의 부모와 자식, 형과 아우를 원수처럼 여기는 자가 생기게 되었다. 성인께서 이것을 우려하여 그의 천지만물을 한몸으로 삼는 인심仁心을 미루어서 세상 사람들을 가르쳐서 모두 그 사사로움을 이기고 그 가려짐을 제거하여 누구에게나 똑같은 마음의 본체를 회복하게 하셨다「전습록」(중), 「답고동교서」, 142조목.

천지만물이 하나의 유기적인 생명체이기 때문에 천지만물의 한 부분인 '인간 사회' 또한 구성원 상호 간에 자신의 신체를 기준으로 인위적으로 서로를 분리할 수 없는 하나의 유기적인 생명의 관계망으로 이루어져 있다. 유기적인 생명의 관계망 안에서 사회 구성원들은 자신의 몸을 돌보듯 안전하게 보살피고 교양敎養하는 과정, 즉 만물일체萬物一體의 인심仁心의 발휘를 통해 상호 간에 생명을 온전하게 양육시켜줌으로써 하나의 인간 사회를 온전하고 건강하게 유지시켜나간다. 인간은 사회 구성원 개개인을 하나의 생명현상으로 연결시켜주는 교량이자 동시에 유기적인 생명체로서의 인간 사회를 온전하게 유지시켜나가는 생명력으로서의 '만물일체의 인심'을 자신의 생명 본질로 한다. 그러나 인간은 유기체적 사회의 한 부분임과 동시에 그 자체로서 하나의 개체생명이기에 자신의 이익과 안위에만 집착하는 개체 욕망의 발동 가능성을 내재하고 있는바, 개체 욕망은 자신과 사회 구성원 간의 유기적이고 상보적인 관계망을 단절하고 타구성원의 생명을 파괴할 뿐만 아니라 종국에는 자신의 생명조차 손상시키는 결과를 초래한다. 따라서 사회 구성원 개개인은 자신의 개체 욕망을 극복하고 '만물일체의 인심'을 회복·실현함으로써만 인간 사회는 온전하게 유지될 수 있다.

양명은 '발본색원론'에서 '만물일체의 인仁'이 실현되는 인간 사회를 신체에 비유하여 다음과 같이 말한다.

생각건대 그 심학이 순수하고 밝아서 만물일체의 인仁을 온전히 이룰 수 있었기 때문에, 그 정신이 흘러 관통하고 지기志氣가 통하여 자타自他의 구분이나 물아物我의 간격이 없었다. 이것을 한 사람의 신체에 비유하면 눈은 보고, 귀는 듣고, 손은 쥐고, 발은 걸어서 전신의 작용을 돕는 것과 같다. 눈은 소리를 듣지 못하는 것을 부끄럽게 여기지 않고 귀가 미치는 데 따라서 반드시 거기서 살피며, 발은 물건을 쥐지 못하는 것을 부끄럽게 여기지 않고 손이 찾는 데 따라서 반드시 그리로 나아간다. 생각건대 원기元氣가 두루 충만하고 혈맥血脈이 뻗어나가 통하니, 그 때문에 가렵든지 아프든지

내쉬든지 들이쉬든지 감촉하는 것마다 귀신같이 응하여 말하지 않아도 깨닫는 신묘함이 있게 된다『전습록』(중), 「답고동교서」, 142조목.

인간의 신체는 각종 다양한 기관과 조직으로 구성되어 있으며, 이러한 다양한 기관과 조직들은 각기 주어진 역할을 달리하면서 서로 다른 작용을 진행시켜나가지만 이들은 개별적으로 분리·독립해서 작용하는 것이 아니라 상호 유기적이고 상보적인 작용을 통해 인간이라고 하는 하나의 유기적 생명체를 운용한다. 따라서 인간의 각 기관과 조직들은 외형상으로는 각기 분리해 볼 수 있지만, 그 실제적인 작용에 있어서는 상호 분리되지 않는, 즉 '유기적인 관계망'을 구성하고 있다. 유기적인 인간의 신체와 같이 '만물일체의 인仁'이 실현되는 인간 사회 또한 "그 정신이 흘러 관통하고 지기志氣가 통하여 자타自他의 구분이나 물아物我의 간격이 없었다"고 표현되듯, 사회 구성원들이 각기 분리되어 상호 무관하게 개별적으로 생존해 가는 것이 아니다. 이들은 정신과 육체 두 측면에서 모두 상호 간에 유통함으로써 개체 간의 구분과 간격을 타파하여 유기적이고 상보적인 관계망을 형성하고 이에 인간 사회를 온전하게 존속시킨다. 따라서 인간 사회를 인간 상위의 하나의 유기적인 생명체라고 전제할 때, 인간 사회를 구성하는 인간 개개인은 신체에 있어서의 기관들로 비유될 수 있다.

2. 대동사회의 유기체적 특성

'발본색원론'의 내용을 중심으로 하나의 유기체로 간주되는 대동사회가 지니는 유기체적 특성을 고찰해보면 다음과 같다. 양명은 '대동사회'에 대해 다음과 같이 말한다.

학교에서는 오직 덕德을 성취하는 일에만 종사하였다. 그러나 재능이 달라서 어떤 자는 예악禮樂에 뛰어나고 어떤 자는 정치와 교육에 뛰어나고 어떤 자는 수리水理와 토지와 농사에 뛰어나기 때문에 그 덕을 성취하는 데 따라서 학교에서 각자의 재능을 더욱 정련하도록 하였다. 덕이 있는 자를 천거하여 임용한 뒤에는 종신토록 그 직책에 머물러 다시 바꾸지 않게 하였다. 임용하는 자는 오직 한 마음 한 덕同心—德으로 세상의 백성들을 모두 편안하게 해주는 일만을 생각하였고, 재능이 그 직책에 부합하는지를 볼 뿐이요, 그 직책의 높고 낮음으로써 경중을 삼거나 수고로움과 편안함으로써 좋고 나쁨을 삼지 않았다. 임용된 자도 오직 한 마음 한 덕으로 세상의 백성들을 편안하게 해주는 일만을 생각하였으며, 만약 직분이 자기의 재능에 맞기만 하다면 종신토록 번잡한 데 처하더라도 수고롭게 여기지 않았고, 비천하고 자질구레한 직분도 편안히 여기며 천하다고 여기지 않았다. 당시에는 세상 사람들이 화락하고 너그러워 모두 서로 일가친척처럼 보았다. 재질이 낮은 자는 농農·공工·상商·고賈의 직분에 편안하고 각자 자신의 직업에 힘써서 서로 살리고 서로 길러줄 뿐이지各勤其業, 以相生相養 높은 것을 바라거나 자기 분수 이외의 것을 넘보는 마음이 없었다. 재능이 남다른 고皐나 기夔, 직稷이나 설契 같은 사람들은 벼슬길에 나아가 각각 그 재능을 발휘하되 마치 한 집안의 임무처럼 하였으니, 어떤 자는 의식衣食을 경영하고, 어떤 자는 물자를 유통하고, 어떤 자는 기용器用을 갖추되, 지혜를 모으고 힘을 합하여 위로는 부모를 섬기고 아래로는 처자를 양육하는 소원을 이루고자 하였다. 그들은 오직 자기가 맡은 일에 혹 태만하지 않을까 두려워하여 자기의 직책을 중히 여겼다. 그러므로 직은 농사일을 부지런히 하되 자신이 교육에 대해 알지 못하는 것을 부끄럽게 여기지 않았으며, 설이 교육을 잘하는 것을 곧 자기가 교육을 잘하는 것으로 여겼다. 기는 음악을 담당하되 자신이 예에 밝지 못한 것을 부끄럽게 여기지 않았으며, 이夷가 예에 통달한 것을 곧 자기가 예에 통달한 것으로 여겼다. 생각건대 그 심학이 순수하고 밝아서 만물일체의 인仁을 온전히 이룰 수 있었기 때문이다『전습록』(중), 「답고동교서」, 142조목.

위의 내용에 근거해 볼 때, 양명이 제시하는 유기체적 대동사회는 다음과 같은 4가지 특성을 지닌다.

첫째, 사회 구성원의 '다양성'이다. 양명은 사회 구성원 간의 서로 다른 재능의 다양성을 긍정적으로 인정하는 바탕 위에 대동사회는 서로 다른 재능을 지닌 다양한 구성원으로 구성되어 있다는 것을 밝히고 있다. 만일 하나의 유기체로서의 대동사회의 구성원 모두가 동일한 재능을 지니고 동일한 기능과 역할만을 담당한다면, 그 사회는 더 이상 존속할 수 없을 뿐만 아니라 구성원 모두가 파멸에 직면하게 된다. 따라서 이러한 대동사회 구성원 간의 재능의 다양성과 재능에 따른 기능과 역할의 다양성은 유기적인 대동사회가 원활하게 유지되기 위한 필수불가결한 첫째 조건이다.

둘째, 사회 구성원들의 '온전성'이다. 인간은 유기적 생명성인 만물일체의 인심仁心뿐만 아니라, 개체 욕망의 발동 가능성을 내재하고 있다. 이로 인해 단지 재능 신장의 교육 또는 직능에 부합된 재능을 지닌 인재 등용이 이루어질 경우, 이는 자칫 개체 욕망만을 충족시키는 쪽으로 활용되어 인간 사회를 어지럽히는 결과를 초래할 수 있다. 그러므로 학교 교육은 피교육자의 덕성을 성취시켜주는 것을 목적으로 삼되 반드시 덕성에 부합되도록 재능을 신장시켜 주어야 하며, 정치적으로 인재를 등용함에 있어서는 그의 덕성에 따르되 그의 재능이 그 직책에 합당한가를 평가해야 한다는 것이다. 대동사회에 있어서 구성원들은 재능과 덕성에 있어 어느 한 가지도 결하지 않는 '재덕일치才德一致', 즉 사회 구성원들의 '온전성'이 요구된다.

셋째, 사회 구성원들의 '평등성'이다. 대동사회에 있어서의 개개인의 직책은 해당자의 신분상의 상하, 존비, 귀천에 따른 것이 아니라 그들의 재능과 덕성의 층차에 따른 것이다. 따라서 대동사회에서는 재능의 다양성과 온전성에 근거한 구성원 개개인의 평등성이 전제되는바, 직책의 등급의 높고 낮음이 중요하다거나 직책의 등급에 따라 신분이 정해지는 것이 아니다. 저마다 타고난 개개인의 재능적 특수성과 인간의 보편적 고유성이 잘 배양되고, 자신에게 알맞은 직업을 갖고 긍지와 본분을 잃지 않으면서 그 직분에 일생토록 종사하면서, 오로지 자신의 직분에 성실할 뿐 타인과의 대립을 지양하여 화해和諧의 세계를 성취코자 한다.

넷째, 사회 구성원간의 '유기적 상보성'이다. 대동사회 구성원들은 각기 서로 다른 재능에 따라 서로 다른 직무를 담당하며, 한 개인이 다양한 재능을 지니는 것보다는 구성원들이 각기 자신의 타고난 재능과 덕성에 따른 직분에 충실할 것이 요구된다. 그러나 이러한 다양성은 사회 구성원 개개인이 단절·고립된 상태가 아닌 상호 유기적이고 상보적인 관계망을 전제로 하여 전개된다. 상보적 관계망의 연결고리로서 '동심일덕同心—德'이 제시되고 있는바, 이는 '만물일체의 인仁', 즉 인간 상호 간을 유기적·상보적으로 연결시켜주는 인간의 생명본질이자 생명력이다. 이러한 '동심일덕'을 바탕으로 사회 구성원 모두가 자신의 재능에 따라 부여된 직무에 충실함으로써 대동사회 구성원 상호 간에 생명을 온전하게 양육해줌으로써 결국 유기체적 대동사회를 온전하게 존속시켜나갈 수 있다.

3. 공리功利 정치에서 친민 정치로

양명은 이러한 만물일체의 유기체적 대동사회관을 토대로 자신의 정치론을 피력하고 있다. 그는 먼저 정치의 형태를 두 가지로 구분한다. 위정자의 개체 욕망에서 기인하여 사회 구성원들의 생명을 질곡시키는 결과를 초래할 수 있는 정치가 있다. 그리고 인간 누구나 보편적으로 내재하고 있는 생명 본질에 근거하여 사회 구성원들의 생명을 중시하고 이들의 생명을 온전하게 양육시켜줄 수 있는 정치가 있다. 전자를 '공리功利 정치'라고 한다면, 후자는 '친민親 民 정치'라 이름한다. 양명은 공리 정치에 대해 비판적 입장을 취하면서, 친민 정치에 바탕을 둔 생명 중시의 정치론을 피력하고 있다.

양명은 공리 정치에 대해 다음과 같이 말한다.

패도霸道의 무리들은 선왕의 가르침에 근사한 것을 몰래 취하여 밖으로는 그것을 따르는 것처럼 가장하고, 안으로는 자신의 사사로운 욕망을 달성했다. 세상 사람들이 바람에 쏠리듯 그것을 종지로 삼자, 성인의 도는 마침내 무성한 잡초에 막힌 것처럼 방해를 받게 되었다. 사람들은 서로 모방하고 서로 본받아 부국강병의 학설, 배척하고 속이는 모략, 공벌하는 잔꾀, 하늘을 속이고 사람을 함정에 빠뜨려서 한때의 이득을 탐하고 명성과 공리를 갈취하는 온갖 기술을 날마다 구하니, 관중管仲·상앙商鞅·소진蘇秦·장의張儀와 같은 사람들이 이루 헤아릴 수 없는 지경에 이르게 되었다. 그런 상태가 오래 지속되자 투쟁과 겁탈로 그 재앙을 견디지 못하여 사람들이 금수나 오랑캐와 같은 지경에 빠져들게 되었고, 패술霸術조차도 행할 수 없는 지경에 이르게 되었다「전습록」(중),「답고동교서」, 143조목.

여기서 양명은 '패자霸者' 또는 '패술霸術'로 지칭되는 공리 정치는 위정자들의 이기적 개체 욕망에서 비롯되는 것으로서 성인聖人의 가르침과는 대비되는 것으로 규정하고 있다. '공리 정치'는 대내적으로는 위정자들이 자신의 개체 욕망을 충족시키기 위해 사회의 유기적이고 상보적인 관계망을 파괴함으로써 사회 구성원들의 생명 질곡을 방관할 뿐만 아니라, 오히려 사회 구성원들을 자신의 욕망 충족을 위한 하나의 도구로 전락시키는 폐단을 초래한다. 그리고 대외적으로는 자국의 이익만을 위해 주변 국가들과의 동반자 관계와 우호적인 관계망을 단절하고 오히려 주변 국가들을 공벌·착취하는 폐단을 초래한다. 따라서 공리 정치는 정치를 통해 사회 구성원들 상호 간 또는 국가 상호 간의 유기적이고 상보적인 관계망을 온전히 유지시키면서 구성원들의 생명을 온전하게 양육시켜주는 것이 아니라, 오히려 이러한 관계망을 단절하고 사회 구성원들의 생명을 질곡시키고 파괴하는 결과를 초래하게 된다.

이러한 유기체적 대동사회에 역행하는 공리 정치의 원인을 양명은 인간의 생명 본질과 대비되는 '공리功利의 습성習性'에서 찾고 있다. 정치가들이 자신의 개체 욕망에서 비롯된 공리를 단절·극복하지 못하고 이를 습성화함으로써 서로 화합하여 올바른 정치 구현에 진력하기보다는 서로 경쟁하고 다투고 명성을 얻는 데만 몰두하는 등 수많은 폐단을 야기하게 된다는 것이다. 이로써 공리 정치는 사회 구성원들의 생명을 온전히 양육시켜주는 정치 본래의 목적과 기능을 상실하고 정치가들의 무한한 개체 욕망을 충족시키기 위한 하나의 도구로 전락한다. 따라서 공리 정치는 유기체적 대동사회에 역행하는 것이라 할 수 있다.

이와 같이 유기체적 대동사회에 역행하는 공리 정치의 폐단을 비판하는 양명은 유기체적 대동사회를 온전히 유지시켜나가기 위한 정치 방안으로서 '친민親民 정치'를 제시한다. 양명은 「친민당기」「전집」, 권7에서 정치의 구현은 바로 '친민'에 있으며, 친민의 실현은 곧 인간의 생명 본질로서의

'명덕明德'을 밝히는 데 있으므로 위정자에게 있어 친민을 구현하는 정치와 자신의 생명 본질을 실현하는 일明明德은 곧 한 가지 일이 된다고 주장한다.

인간은 누구나 선천적으로 천지만물, 즉 타자 또는 다른 존재물과 하나가 될 수 있는 근거로서의 '만물일체의 인심仁心'을 내재하고 있다. 이는 개체의 국한성을 초월하는 전 우주적 차원의 마음으로서 인간은 이러한 인심의 감응을 통해 천지만물의 일부분이라도 생명이 손상되는 상황에 직면하게 되었을 때, 이를 인간 자신의 고통과 아픔으로 느끼는 통각 작용을 일으키게 된다. 이러한 통각의 주체, 즉 천지의 생명 본질에 근원하며 만물과 영명한 감응 작용을 일으킬 수 있는 인간의 생명 주체가 바로 '명덕'이다. 이는 공리 정치의 근간이 되는 개체 욕망과 대비된다. 타자와의 관계성과 실천성이 배제된 명덕은 양명에게 있어 무의미하다. 명덕은 항상 부모에 대한 효도나 형에 대한 공경과 같은 타자와의 관계성과 실천성을 통해서만 발현될 수 있고 실현될 수 있다. 따라서 명덕 속에 이미 '명덕의 구현'이 사회 구성원들의 생명을 온전하게 유지시켜주는 '친민의 구현'과 하나의 과정이 될 수 있는 계기를 함축하고 있다.

양명은 명덕을 밝히는 명명덕明明德의 귀결처는 바로 인간이 천지만물과의 하나 됨을 통해 만물의 창생·양육 과정을 주체적·능동적으로 이끌어 가는 데 있다고 본다. 인간은 천지만물과의 하나 됨의 과정을 통해서만 자신의 생명 본질인 명덕을 구현할 수 있는바, 친민은 물론 격물格物에서부터 평천하平天下에 이르는 모든 인간사는 결국 인간의 명덕을 구현하는 일로 귀결된다. 따라서 명덕의 구현은 사회 구성원들의 생명을 온전하게 유지시켜주는 친민의 구현이라고 말할 수 있다. 그러므로 위정자의 생명 본질 실현으로서의 '성기成己'와 사회 구성원들의 유기적 생명 구현으로서의 '성물成物'은 친민 정치를 통해 동시적으로 성취되는 한 가지 일이 된다. 이에 양명은 『전습록』(하), 「황성증록」, 271조목에서 일반 백성들과 함께하는 것을 '동덕同德'이라 하는 반면 일반 백성들과 다른 것을 '이단異端'이라 한다고 하여, 친민 정치는 곧 일반 백성들과의 생명 연대감 속에서 그들의 생명을 온전하게 양육시켜나가는 일로 규정하고 있다.

이러한 인간의 생명 본질에 근거하여 유기체적 대동사회

를 구현하는 친민 정치는 다음과 같은 '친민론親民論'과 '사민 동도이업론四民同道異業論' 및 정치인의 '재덕일치론才德一致論'으로 구체화된다.

첫째, '친민'에 대한 새로운 규정이다. 주희는 『대학』의 삼강령 가운데 하나인 '친민'의 '친親' 자를 '신新' 자로 바꾸어야 한다고 주장한다. '신'자는 옛 것을 바꾸는 것을 의미하는바, 스스로 명덕을 밝힌 후에 이를 타인에 미루어서 다른 사람들(백성)로 하여금 이전에 물든 오염을 제거토록 하는 것이라 정의된다. '신민新民'이라고 하면, 이는 상급자인 위정자가 하급자인 백성들을 일방적으로 교화한다는 의미로서 자칫 위정자와 백성들의 관계가 신분적 상하 관계로 고착되어 백성들은 단지 수동적인 통치 대상으로 전락하게 된다. 이에 양명은 『전습록』(상), 「서애록」, 1조목에서 주희가 친민을 신민으로 바꾸어 사용하는 것을 문제 삼고 '친민' 그대로 사용할 것을 주장한다. 친민은 "어진 사람을 어질게 대하고 친한 사람을 친하게 대한다", "어린아이를 보호하듯이 한다", "백성이 좋아하는 것을 좋아하고, 백성이 싫어하는 것을 싫어한다", "친한 사람을 친하게 여기고 백성을 어질게 대한다"고 하는, 즉 서로를 친밀함과 어짊으로 대한다는 의미를 내포한다. '친민'을 이런 뜻으로 사용해야만 위정자와 백성들의 관계가 상하 신분적 관계를 벗어나 유기적이고 상보적인 수평적 관계가 될 수 있다. 그리고 이러한 관계 속에서 위정자는 백성들이 주체적이고 인간적인 삶을 살 수 있는 환경을 조성해주는 친애親愛의 정치 주체가 될 수 있다. 또한 친민은 일방적 '교화敎化'의 의미만이 아니라 서로의 생명을 온전하게 길러준다는 '양육養育'의 의미를 함께 포함한다. 이러한 친민은 가까이는 자신의 일가친척을 친애하는 데서 비롯하여 백성들을 모두 안전하게 교양敎養하고 나아가 모든 국가가 태평성세에 이르도록 하는 단계에까지 도달하는 것으로서, 이는 위정자 자신의 입장에서 보면 '명명덕'이 되고 백성의 입장에서 보면 '친민'이 된다.

둘째, '사민동도이업론四民同道異業論'에 나타나는 유기체적 대동사회 구성원들의 위상과 역할이다.

옛날에는 사민四民(士·農·工·商)이 업業은 달리해도 도道는 같이하였으니, 그 마음을 다하는 것은 한 가지였다. 선비는 정치를 연마하고 농부는 음식물을 기르며, 공인은 도구를 다듬고 상인은 재물을 유통시켰다. 각기 그 자질이 가깝고 능력이 미치는 바에 나아가 그것을 업으로 하여 마음을 다하였으니, 그 귀결이 생인生人의 도에 유익하게 하고자 함에 있었던 것은 한 가지였다. 선비와 농부는 정치를 연마하고 음식물을 기르는 데 마음을 다하는 자이니, 도구를 다듬고 재물을 유통시키는 것은 선비나 농부와 같다. 공인과 상인은 도구를 다듬고 재물을 유통시키는 데 마음을 다하는 자이니, 정치를 연마하고 음식물을 기르는 것은 공인이나 상인과 같다. 그러므로 사민은 업을 달리해도 도는 같이한다「전집」, 권25, 「절암방공묘표」.

주희의 분의식分意識에서 보면 사민은 상하 계급관계를 형성하지만, 양명은 사민을 타고난 신분상의 등급질서가 아닌 단지 자신의 재능에 따른 직능상의 차이로 보고 있다. 그리고 자신의 재능에 따른 직능상의 차이를 지닌 사민은 모두가 '진심盡心'이라는 측면에서는 동일성을 지닌 것으로 평가된다. 여기서 '진심'은 '사람을 살리는 도生人之道'를 유익하게 하는 것으로 규정되고 있는바, '진심'은 결국 한 개인의 도덕성을 구현하는 데 머무는 것이 아니다. 이는 유기체적 대동사회의 모든 구성원들로 하여금 생명을 온전하게 유지토록 하는 '만물일체의 염원'을 실현하는 것이라 할 수 있다. 따라서 사회 구성원들은 각기 자신의 재능에 따른 서로 다른 직능을 수행한다고 하는 측면에 있어서는 다르지만, 모두가 서로 다른 자신의 직능에 충실함으로써 궁극적으로 유기체적 대동사회의 모든 구성원을 온전하게 양육한다고 하는 측면에서는 동일하다. 따라서 정치를 담당하는 계층도 결국은 신분상 상급자로서 백성들을 지배하고 통치하는 특권층을 의미하는 것이 아니라, 농업·공업·상업을 담당한 백성들과 평등한 관계에서 단지 자신의 재능에 따라 정치를 담당하고 있는 것일 뿐이다. 그러므로 정치를 담당하는 계층도 백성들과 다름없이 자신에게 부여된 정치적 직책을 연마하는 데 최선을 다함으로써 '사람을 살리는 도'를 구현하는 데 이바지하게 된다.

셋째, '재덕일치론才德一致論'에 근거한 정치인의 재능과 덕성의 일치 문제이다. 양명은 「답고동교서」의 '발본색원론'

에서 대동사회에 있어서의 '재덕일치'의 문제를 다루고 있다. 정치의 목적은 사회 구성원들의 생명을 온전하게 양육시킴으로써 유기체적 대동사회가 온전하게 존속될 수 있도록 하는 데 있다. 따라서 정치적 직책의 담당자는 두 가지 요건이 충족되어야 한다. 첫째는 자신의 직책을 통해 사회 구성원들의 삶을 윤택하게 해주고자 하는 덕성의 소유 문제이며, 둘째는 그 직책에 부합되고 그 직무를 완수할 수 있는 재능의 소유 문제이다. 이 두 가지 가운데 한 가지라도 결하고서는 정치적 직책을 담당할 수도 없으며, 정치적 직책을 원만하게 수행할 수도 없다. 만일 덕성은 갖추었으되 재능이 직책에 부합되지 않는다면, 그는 자신의 직무를 올바로 수행할 수 없다. 반면 재능은 직책에 부합되나 덕성을 갖추지 못하였을 경우에는, 오히려 자신의 정치적 직책을 개체 욕망을 충족시키는 데 활용함으로써 사회 구성원들의 생명을 질곡시키게 된다. 따라서 임용하는 자는 덕성과 재능이 그 직책에 일치되는 자를 선발하여 임용·감독하고, 임용된 자는 자신의 덕성과 재능이 그 정치적 직책에 일치될 수 있도록 노력해야만, 비로소 자신의 정치적 역할을 통해 유기체적 대동사회의 온전한 존속에 역행하지 아니하고 올바르게 기여할 수 있다.

4. 친민 정치를 통한 대동사회 구현

양명의 친민 정치는 궁극적으로 '만물일체의 인仁'을 바탕으로 자·타와 물·아가 둘로 나뉘거나 구분되지 않는 여물동체與物同體 = 물아일체物我一體의 유기체적 대동사회를 구현하는 데 목적이 있다. 이러한 정치 목적에 근거하여 양명은 다음과 같이 주장한다.

재물은 백성의 마음이므로, 재물이 흩어지면 백성들이 흩어진다. 백성은 나라의 근본이니, 근본이 견고하면 나라가 평안하다. … 임금과 백성이 한몸이라는 것君民一體은 예나 지금이나 완전히 일치하는 것이다「전집」, 권13, 「계처지방소計處地方疏」.

양명의 친민 정치는 바로 '군민일체'에서 비롯된다고 볼 수 있다. 따라서 대인大人·성인聖人·군자君子 등으로 표현되는 이상적인 위정자들은 사회 구성원들의 아픔을 자신의 고통으로 느낄 수 있는 '시비지심是非之心'에 바탕을 두고 정치를 수행한다. 그리고 이들에게 있어 '군민일체'와 '시비지심'에 바탕을 둔 유기체적 대동사회를 구현하는 친민 정치는 다름 아닌 자신에게 내재되어 있는 양지를 실현하는 일에 불과하다.

세상의 군자가 오직 양지를 실현하는 데 힘쓰기만 한다면 저절로 시비是非를 공유하고 호오好惡를 함께하며, 남을 자기와 같이 보고 나라를 한 집안처럼 보아서 천지만물을 한몸으로 여길 수 있다. 그러면 천하가 다스려지지 않기를 구할지라도 얻을 수 없을 것이다. 옛 사람이 타인의 선행을 보기를 마치 자기로부터 나온 듯이 여기며, 타인의 악행을 보기를 마치 자기가 악에 빠진 것처럼 여길 뿐만 아니라, 백성의 굶주림과 곤고함困苦을 마치 자기의 굶주림과 곤고함처럼 보았으며, 한 사람이라도 자기 자리를 얻지 못하면 마치 자신이 그를 도랑에 밀어 넣은 것처럼 여겼던 까닭은 의도적 그렇게 행하여 천하 사람들이 자기를 믿어 주기를 바랐기 때문이 아니다. 자신의 양지를 실현하여 스스로 만족하기를 구하는 데 힘썼을 따름이다 『전습록』(중), 「답섭문울」, 179조목.

사회 구성원들의 생명의 온전성에 대해 시비를 판단하고, 그들의 생명 파괴 현상을 자신의 책임으로 느끼고, 그들의 생명을 온전하게 유지시켜 주고자 하는 등, 위정자의 정치 행위는 모두 위정자 자신의 양지 실현 과정으로 귀결된다. 따라서 동일한 정치 행위가 위정자 자신에게 있어서는 자신의 생명 본질을 구현하는 '양지 실현'이라고 한다면, 사회 구성원들의 입장에서는 자신들의 생명의 온전한 양육이 된다. 따라서 위정자 자신이 양지 실현에 최선을 다할 때, 사회 구성원들은 그의 말을 믿고 그의 행동을 기뻐할 수 있는 것이다. 사회 구성원들이 양지 실현에 힘쓰는 위정자 자신과 괴리되지 아니하고 화락한 마음으로 함께 동고동락할 수 있는 것은 그 양지가 인간 누구나 보편적으로 내재하고 있는 것으로서, 양지 실현을 통해 만물일체를 구현할 수 있기 때문이다.

친민 정치는 또한 생명 의지와 생명 연대감인 '인仁'을 발현시켜나가는 과정이라 할 수도 있다.

성인이 그 마음을 다하기를 구하는 것은 천지만물로서 한몸을 삼는 것이다. 나의 부모와 자식 간에 친애하지만 천하에 아직 친애하지 않은 자가 있다면, 나의 마음을 아직 다하지 않은 것이다. 나의 임금과 신하 사이에는 의義로써 대하지만 천하에 의로써 대하지 않는 자가 있다면, 나의 마음이 아직 다하지 않은 것이다. 나의 부부 사이에는 구별이 있고, 어른과 아이 사이에는 차례가 있고, 친구 사이에는 믿음이 있으나, 천하에 아직 구별과 차례와 믿음이 없는 자가 있다면, 나의 마음이 아직 다하지 않은 것이다. 나의 가족은 배부르고 따뜻하고 편안하고 즐겁지만, 천하에 아직 배부르지 못하고 따뜻하지 못하며 편안하지 못하고 즐겁지 아니한 자가 있다면, 능히 친애하고, 의롭고, 구별하고, 차례가 있고, 믿음이 있다고 할 수 있겠는가? 나의 마음이 아직 다하지 않은 것이다. 그러므로 이에 기강紀綱과 정사政事를 설치하고 예악禮樂과 교화敎化를 베푸는 것이니, 이것으로써 천리天理에 따라서 천도天道를 이룩하고 도와서 자신을 완성成己시키고 타자를 완성成物시켜, 나의 마음을 다하기를 구할 뿐이다. 마음이 다하면 집안이 다스려지고, 국가가 다스려지며, 천하가 평화롭게 된다「전집」, 권7, 「중수산음현학기」.

천지만물일체를 구현하는 생명 의지 또는 생명 연대감인 '인仁'은 발현 대상과 마주한 상황에 따라 '친親'·'의義'·'별別'·'서序'·'신信'의 형태로 발현된다. 이러한 다양한 인仁의 발현은 나와의 1차적 관계에만 국한시키는 것이 아니라 사회의 모든 구성원에게까지 확대하여 발현시켜야 한다. 아울러 생명 의지가 사회의 모든 구성원에게까지 고루 미쳐 조그마한 미진함도 없을 때, 비로소 생명 의지의 발현 주체로서의 자신의 마음을 온전히 실현하였다盡心고 할 수 있다. 따라서 자신의 가족만이 온전한 생명을 유지시켜나가는 반면, 사회 구성원 모두가 이러한 상태에 도달해 있지 못하다면, 이는 결국 생명 의지의 실현, 즉 '진심盡心'이 되지 못한다. 그러므로 기강·정사·예악·교화와 같은 구체적 정치 실천은 다름 아닌 사회 구성원들의 생명을 온전히 유지시켜주는 '성물成物'인 반면, 위정자 자신의 입장에서 보았

을 때는 자신의 생명 본질의 구현으로서의 '성기成己'에 불과
한 것으로 '성물즉성기成物卽成己'·'성기즉성물成己卽成物'의 관계
가 성립된다. 따라서 자신의 생명 본질을 실현하는 진심盡
心, 즉 성기는 가정과 국가가 온전히 다스려지고 종국에는
모든 세상이 평화롭게 되는 유기체적 대동사회의 구현으로
귀결된다.

이러한 친민 정치론은 단지 이상론으로 끝나지 않는다.
양명은 친민 정치론에 근거하여 당시의 시대적 상황에 맞
추어 유기체적 대동사회를 구현하기 위한 나름대로의 정
치 방안들을 제시하고 있다. 양명 당시는 정치적 혼란으로
인해 변방에서 도적의 무리가 판을 치면서 양민을 약탈하
고 괴롭히는가 하면, 이러한 혼란을 틈타 내적으로는 내란
을 일으키는 등 사회의 혼란이 극에 달하여, 백성들의 생활
이 어려운 상태였다. 이에 양명은 세금의 감면과 같은 방법
을 통해 백성들의 생업을 안정시켜줄 수 있도록 해야 한다
는 상소를 올리는 등 친민 정치의 구체적인 방법과 내용에
대해 언급한 바가 많다. 그 가운데 '십가패법十家牌法', '보갑보
장제保甲保長制', '향약鄕約에 의거한 자치제도', '인재등용법' 및

'교학敎學을 통한 풍속의 개혁' 등이 그 대표적인 방안이라고 할 수 있다. 이러한 방안들은 모두 생민生民의 고난과 고통을 자신의 아픔으로 느끼는 인仁에 근거한 '안민安民', '보민保民', '교민敎民', '양민養民'의 구체적 방안이다. 예컨대 '십가패법'과 '보갑보장제'는 당시 양민을 약탈하는 도적으로부터 백성들을 보호하기 위한 자위적 정치 방안이며, '자치제도'는 균형 있는 지방의 발전을 통해 국가 전반을 안정되게 발전시켜 주기 위한 방안이다. 아울러 '교학敎學을 통한 풍속의 개혁'은 백성들의 덕성을 계발함과 아울러 저마다 타고난 재능에 따른 기술교육을 실시하여 사회 각 분야를 고르게 발전시켜 사회가 유기적으로 유지될 수 있도록 하는 방안이다.

12장
양지 실현의 교육론

주체적이고 창의적이며 실천적이고 유기체적인 참된 자아를 실현하는 것이 바로 양명 교육론의 궁극적 목적이다. 양명이 추구하는 학문과 교육의 궁극적 목적은 외재적 지식에 대한 탐구와 이를 통한 입신양명에 있는 것이 아니라 인간의 선천적인 생명 본질(양지)을 주체적으로 자각하고 실현하는 과정을 통해 '참된 자아(眞我=大我=無我)'에 도달하는 데 있다. 양명은 이러한 인간관을 바탕으로 참 자아를 실현하기 위한 학문과 교육의 출발점으로서의 '입지立志'를 제시하고 참된 자아 실현을 위한 다양한 방안을 제시하고 있다.

1. 교육의 목적과 입지

인간 사회를 포함한 천지만물이 하나의 생명체인 이상 인간 사회가 끊임없는 생명력을 유지해나가기 위해서는 사회 구성원들의 끊임없는 창신創新이 필요하며, 이 과정에 있어 학문과 교육은 무엇보다도 중요시된다. 양명은 인간 누구나 선천적으로 내재하고 있는 생명 본질인 양지를 실현할 수 있는 계기와 환경을 조성해줌으로써 사회 구성원들 스스로가 주체적이고 능동적인 학문 연마를 통해 참된 자아를 실현하도록 하는 데 교육의 목적을 두고 있다. 이러한 교육의 목적 아래 양명은 인간의 생명을 질곡시키는 획일적이고 교조주의적인 교육과 과거 준비만을 위한 교육 및 주입식 교육 등을 반대하고, 사회 구성원들의 타고난 다양한 재능과 덕성을 신장시켜줌으로써 사회의 유기적인 구성원이 될 수 있도록 하기 위하여 구성원들의 창의성·능동성·자율성을 증진시켜주는 교육 방안을 제시하고 있다.

양명은 먼저 뜻을 세우는 '입지立志'를 학문과 교육의 선행

조건으로 규정하고, 모든 인간사를 성취하기 위해서는 먼저 뜻을 세워야 한다고 주장한다. 따라서 학문과 교육에 있어 일차적인 선행 조건은 입지라 할 수 있는바, 양명은 학문을 함에 있어 입지의 중요성을 다음과 같이 밝히고 있다.

> 대저 우리가 학문을 하는 데 가장 긴요한 핵심은 오직 입지효

> 立이다. 이른바 (일을 만나서는) 곤고해지고 (세운 뜻을) 잊어버리는 병통도 다만 의지가 참되고 절실하지 못하기 때문이다. 지금 여색을 좋아하는 사람이 곤고해지거나 잊어버리는 병을 앓은 적이 없는 것은 다만 한결같이 참되고 절실하기 때문이다. 자신의 아픔과 가려움은 자신이 알 수 있어야 하고, 자신이 (가려운 곳을) 긁거나 (아픈 곳을) 문지를 수 있어야 한다. 아픔과 가려움을 스스로 알았다면 자신이 반드시 긁거나 문지르지 않을 수 없다「전습록」(중), 「답주도통서」, 144조목.

학문의 선행조건인 입지의 상태에 따라 학문의 성패가 좌우된다는 것이다. 이러한 입지는 외부로부터의 강요나 외재적인 기준에 의해 이루어지는 것이 아니다. 오히려 피

교육자 스스로가 주체적 자각과 판단에 따라 학문의 목적과 방향성을 설정하고, 스스로 설정한 입지에 따라 학문을 성취시켜나가는 것이다.

입지는 피교육자의 학문적 뿌리라 할 수 있으며, 피교육자의 학문적 과정은 입지를 키워서 성취시켜나가는 과정이다. 교육은 피교육자로 하여금 자신이 주체적으로 설정한 입지를 스스로 성취시켜나갈 수 있도록 좋은 환경을 만들어주는 것이다. 다만 입지의 설정과 입지를 성취시켜나가는 문제는 학문의 주체자에게 달려 있다. 스스로 입지를 설정하지 않는다면 뿌리가 없게 되어 종국적으로는 아무것도 성취할 수 없게 된다. 아울러 자신의 주체적 자각과 판단에 따라 입지, 즉 삶의 방향성과 목적을 설정하지 않는다면, 이는 키 없는 배 또는 재갈 없는 말에 비유될 수 있다. 뜻을 세우지 않은 사람들은 표류하고 분탕하며 날뛰고 나태해짐으로써 종국에는 생명의 본질까지도 파괴하는 상황을 초래하게 된다. 입지는 학문과 교육에 있어서뿐만 아니라 삶 자체에 있어서의 근본적인 뿌리가 된다.

그렇다면 학문과 교육의 뿌리가 되는 입지는 무엇을 의

미하는 것일까? 다음과 같은 문답에서 입지의 본질이 무엇인지를 유추해 볼 수 있다.

당후가 물었다. "입지는 하나의 선한 생각을 항상 보존하여 선을 행하고 악을 제거하려는 것이 아닙니까?" 선생께서 대답하셨다. "선한 생각이 보존되는 때가 바로 천리이다. 이 생각念이 곧 선한데, 다시 무슨 선을 생각하겠는가? 이 생각이 악하지 않은데, 다시 무슨 악을 제거하겠는가? 이 생각은 마치 나무의 뿌리와 싹과 같다. 입지는 이 선한 생각을 키우고 세우는 것일 뿐이다. (공자의) '마음이 하고자 하는 바를 따르더라도 법도를 어기지 않는다'는 말은 다만 뜻이 완숙한 경지에 도달한 것이다" 『전습록』(상), 「육징록」, 53조목.

선한 생각이 보존된 때가 바로 천리이며, 이러한 선한 생각을 키우고 세우는 것이 입지라는 것이다. 양명에게 있어 '천리'는 천지만물의 생명 본질에 근원한 인간의 생명 본질로서 천지만물과 감응하고 일체화할 수 있는 인간의 '유기적인 생명성'을 의미한다. 그리고 '존천리存天理' 또한 천지만물과의 실제적인 감응 과정에서 유기적 생명성으로서의 천리를 온전하게 발현·전개시켜나가는 전 과정을 의미한다. 따라서 입지는 단지 학문과 교육의 출발점에서 끝나는 것이 아니다. 인간이 천지만물과의 끊임없는 감응 과정에서 이러한 마음의 본질적 속성인 천리를 중단 없이 잘 존양하고 확충해 가는 과정 또한 입지인 것이다. 입지는 바로 참된 자아인 성인이 되기 위한 출발점임과 동시에 그 실현 과정 모두를 함축한다. 교육은 바로 피교육자로 하여금 이러한 입지를 실현할 수 있는 환경을 설정해주고 끊임없이 참된 자아를 성취할 수 있도록 가르치고 길러주는 과정이다.

2. 입지와 양지 실현

천리는 곧 양지로서, '존천리存天理'는 곧 '치양지致良知'를 의미한다. 따라서 입지를 근본으로 한 학문과 교육의 궁극적 목적은 바로 '양지 실현'에 있다고 말할 수 있다. 양명은 학문과 양지 실현의 관계성을 다음과 같이 밝히고 있다.

양지를 실현하는 것이 학문의 커다란 핵심이며, 성인이 사람들에게 가르쳐주신 가장 근본적인 뜻이다. 이제 오로지 견문 見聞의 말단에서 구한다고 말한다면, 이것은 핵심을 잃어버리고 이미 부차적인 뜻에 떨어진 것이다. … 무릇 배우고 묻는 공부는 다만 주된 뜻의 핵심이 오로지 양지의 실현을 행해야 하는 일로 간주한다면, 무릇 많이 듣고 보는 것이 양지를 실현하는 공부 아님이 없을 것이다. 생각건대 일상생활에서 보고 듣고 응대하는 것이 비록 수천수만 가지 실마리라고 하더라도, 양지가 작용을 발하여 유행하는 것이 아님이 없다. 보고 듣고 응대하는 것을 제외한다면 또한 실현할 수 있는 양지가 없다. 그러므로 양지와 견문은 다만 하나의 일이다 「전습록」(중), 「답구양숭일」, 168조목.

학문의 궁극적 목적은 외재적 지식을 추구하는 데 있는 것이 아니라 인간의 생명 본질인 '양지'를 실현하는 데 있다는 것이다. 그렇다고 학문 과정에 있어 지식 자체가 완전히 부정되는 것은 아니다. 다만 지식 추구는 양지 실현과 무관하게 진행되어서는 안 되며, 반드시 양지 실현이라는 학문의 궁극적 목적 안에서 진행되어야 한다. 또한 학문을 통해 획득된 지식은 양지 실현 과정을 통해 실제적인 실천으로 이행될 수 있어야 한다. 그리고 학문의 궁극적 목적으로서의 양지 실현은 일상생활과 괴리된 고원한 수양 또는 이론 학습을 통해서 성취되는 것이 아니라 일상적인 생활 가운데서 실제적인 실천을 통해 성취된다. 이는 양지 자체가 인간의 생명 본질에 근원한 유기적 생명력이라는 사실에서 기인한다. 인간의 유기적 생명력은 일상적인 삶 속에서 주어지는 상황에 따라 매 순간 발현된다. 따라서 유기적 생명력으로서의 양지는 일상적인 삶을 떠나서는 존재의 의미도 지니지 못할 뿐만 아니라 아무런 능력도 발휘할 수 없다.

이에 양명은 일상적인 생활 속에서 이루어지는 양지 실현과 관련한 교육의 필요성을 다음과 같이 피력하고 있다.

청소하고 응대하는 것이 바로 하나의 물物(실천 행위)이다. 어린아이의 양지가 단지 그 정도에 도달한 상태라면 청소하고 응대하는 것을 가르치는 것이 바로 그 한 점 양지를 실현하게 하는 것이다. 또 만약 어린아이가 선생과 어른을 경외할 줄 안다면, 이것도 역시 그의 양지이다. 그러므로 비록 놀고 있는 중이라도 선생과 어른을 보면 곧 읍揖하고 공경한다면 이것은 그가 격물格物할 수 있어서 선생과 어른을 공경하는 양지를 실현한 것이다. 어린아이에게는 본래 어린아이의 격물格物・치지致知가 있다「전습록」(하), 「황이방록」, 319조목.

교육은 어린아이들로 하여금 청소하고 어른을 대하는 등과 같은 일상적인 생활 속에서 이들이 주체적으로 양지를 실현할 수 있도록 도와주는 것이다. 양지가 인간의 유기적인 생명력인 이상, 양지 실현을 위한 교육은 사실상 수동적이고 강제적인 학습을 통해 이루어질 수도 없으며, 또한 현실과 괴리된 고원한 수련이나 형이상학적 탐구를 통해 이루어질 수도 없다. 이는 피교육자 스스로가 일상적인 삶 속에서 자신이 직면하는 상황에 따라 자신의 양지에 의거하여 사태를 자각적으로 판단하고 실천 방향성을 설정하여 신체와의 유기적 일체화를 통해 이를 실제적인 실천으로 이행해나감으로써만 가능하다. 따라서 양지 실현의 교육은 피교육자 스스로 양지를 차폐시키는 사욕을 제거하고 양지에 의거하여 자신에게 항상 새롭게 전개되는 사태를 자각적으로 판단하고 자각적으로 실천 방안을 강구하여 이를 실천할 수 있는 바탕을 길러주는 교육이다. 양지 실현의 교육은 강제적이고 수동적인 교육이 아니라 '자율적'이고 '능동적'이며 '창의적'인 교육이다.

이렇듯 일상적 삶 속에서 어린아이도 자신의 선천적 양지 실현을 통해 성인聖人이 될 수 있다. 이는 어린아이에게 국한되는 것이 아니다. 땔나무를 파는 사람, 공경대부, 천자에 이르기까지 누구나 동일하게 각기 자신이 직면한 상황을 자신의 양지에 의거하여 판단하고 실천함으로써 성인이 될 수 있다. 양명이 추구하는 학문과 교육의 궁극적 목적은 바로 선천적 양지를 주체적·실천적으로 실현함으로써 인간 누구나 '참된 자아'인 '성인'이 되는 데 있다.

3. 재능과 덕성을 일치시키는 교육

'참된 자아聖人'를 실현하기 위한 구체적 교육 방안으로 면

저 재능과 덕성을 일치시키는 '재덕일치才德一致'의 교육 방안을 찾아볼 수 있다. 양명은 『전습록』(중), 「답고동교서」, 142조목, 「발본색원론」에서 만물일체의 유기체적 대동사회 구현을 위한 '재덕일치'의 교육 방안을 제시하고 있다. 학교 교육에서 제일 중요한 점은 사회 구성원들의 서로 다른 재능을 신장시켜주되, 단지 지식과 기술만을 신장시켜주는 교육이 아니라 그들의 '재능과 덕성'이 상호 부합될 수 있도록 해야 한다는 사실이다. 그렇다면 재능과 덕성이 상호 일치되는 학교 교육이 필요한 이유는 무엇이며, 재능과 덕성이 일치된 교육의 궁극적 목적은 무엇인가?

먼저 사회 구성원 개개인의 각기 다른 타고난 재능을 신장시켜주는 교육은 만물일체의 유기체적 대동사회를 유지해나가기 위해 필요하다. 양명은 사람마다 예악·정치·교육·농업 등 각기 서로 다른 재능을 지니고 있으며, 타고난 서로 다른 재능에 따라 농업, 공업, 상업, 관리, 음식, 교육, 음악, 예절 등 서로 다른 다양한 직분을 담당하는 것이 바람직하다고 본다. 인간 사회는 서로 다른 재능을 지닌 다양한 구성원들로 이루어져 있어야 바람직하다는 것이다. 만일 인간이라는 유기체가 동일한 기능과 역할을 담당하는 기관들로만 구성되어 있다고 한다면, 인간은 더 이상 생명을 지속시켜나갈 수 없다. 이와 마찬가지로 하나의 유기체로서의 인간 사회 또한 구성원 모두가 동일한 재능을 지니고 동일한 기능과 역할만을 담당한다면, 그 사회는 더 이상 존속할 수 없을 뿐만 아니라 구성원 모두가 파멸에 직면하게 된다. 따라서 이러한 인간 사회 구성원 간의 재능의 다양성과 자신의 재능에 따른 기능과 역할의 다양성은 유기적인 인간 사회가 원활하게 유지되기 위한 필수 불가결한 조건이다. 이러한 만물일체의 유기체적 대동사회를 유지시켜나가기 위해서는 개개인의 개성을 무시하고 획일화된 기술과 지식만을 교육하는 것이 아니라 반드시 인간 개개인이 타고난 고유한 재능을 신장시켜줌으로써 다양성을 유지시켜나가는 교육이 필요한 것이다.

그러나 단지 재능만을 신장시키는 교육으로는 참된 자아의 실현은 물론 유기체적 대동사회가 온전하게 유지될 수 없다. 사회 구성원들의 온전성을 위해 재능과 덕성을 일치시키는 교육이 필요하다. 인간은 만물일체를 구현할 수 있는 지선한 생명 본질인 유기적 생명성(天理＝良知＝仁)뿐만 아니라 이를 차폐시키고 자신의 형체를 기준으로 내외를 구분하며 천지만물과의 유기적이고 상보적인 관계망을 단절·무시한 채 자신의 이익과 욕망에만 집착하는 개체 욕망(사욕＝물욕)의 발동 가능성을 내재하고 있다. 따라서 교육을 통해 사회 구성원들의 재능만을 신장시켜주고 재능이 뛰어나다는 이유만으로 어떠한 직책을 맡기는 것으로는 유기체적 대동사회를 온전하게 유지시켜나갈 수가 없다. 만일 사회 구성원의 재능이 교육을 통해 신장되고 직능에 부합되는 재능이 있는 사람이 등용되었다 하더라도, 그들이 자신의 재능을 생명 본질에 의거하여 유기체적 인간 사회를 온전히 존속시키는 데 활용하지 아니하고 자신들의 개체 욕망을 충족시키는 데 활용할 경우, 이들의 재능은 오히려 인간 사회 구성원들의 생명을 질곡시키고 나아가 인간 사회를 어지럽히는 결과를 초래하게 된다. 따라서 양명은 학교 교육은 사회 구성원들의 덕성을 성취시켜주는 것을 목적으로 삼되 반드시 덕성에 부합되도록 재능을 신장시켜 주어야 함은 물론 정치적으로 인재를 등용함에 있어서는 그의 덕성에 따르되 그의 재능이 그 직책에 합당한가를 평가해야 한다고 주장하고 있는 것이다.

'덕성'은 인간 상호 간에 대립과 투쟁을 야기하는 개체 욕망과 대립되는 서로 살리고 서로 길러주는 '동심일덕同心一德', 즉 '만물일체의 인심仁心'이다. 유기체적 인간 사회에 있어서 구성원들의 재능을 신장시키는 교육은 반드시 이러한 덕성의 성취를 바탕으로 진행되어야 한다. 학교 교육은 재능과 덕성에 있어 어느 한 가지도 결하지 않은 '재덕일치'의 교육이 요구된다. 이를 필자는 사회 구성원의 '온전성'이라 표현하고자 한다. 이러한 온전성을 전제로 해서만이 재능에 따른 사회 구성원의 다양성이 의미를 지닌다. 또한 다양한 재능은 유기체적인 인간 사회의 온전한 전개를 위해 올바르게 발휘될 수 있다.

마지막으로 재능과 덕성을 일치시키는 교육은 사회 구성원에 대한 평등 의식이 전제된 것이다. 유기체적 대동사회에 있어서의 개개인의 직책은 해당자의 신분상의 상하, 존비, 귀천에 따른 것이 아니라 그들의 재능과 덕성의 층차에 따른 것이다. 따라서 유기체적 대동사회에서는 재능의 다양성과 온전성에 근거한 구성원 개개인의 평등성이 전제되는바, 직책의 등급의 높고 낮음이 중요하다거나 직책의 등급에 따라 신분이 정해지는 것이 아니다. 이에 양명은 『전집』, 권25, 「절암방공묘표」에서 사민四民(士·農·工·商)이 업業은 달리해도 도道는 같이하였으니, 그 마음을 다하는 것은 사람을 살리는 도에 유익하게 하고자 함에 있었다고 하는 '사민동도이업론四民同道異業論'을 제시하고 있다. 이러한 덕성의 평등에 기초하여 재능·개성의 발휘를 주장하는 것은 '인간평등론'의 주요한 단서가 된다. 교육을 통해 저마다 타고난 개개인의 재능적 특수성과 인간의 보편적 고유성이 잘 배양한다. 그리고 자신에게 알맞은 직업을 갖고 긍지와 본분을 잃지 않으면서 그 직분에 일생토록 종사한다. 그러면서 오로지 자신의 직분에 성실할 뿐 타인과의 대립을 지양하여 화해和諧의 세계를 성취코자 하는 것이다. 이로써 사회 구성원 모두가 개체 욕망을 제거하고 '만물일체의 인심'을 성취함으로써 '천지만물일체 = 여물동체 = 물아일체'의 경지에 도달하게 된다.

4. 능동성·자율성·창의성 증진의 교육

양명은 참 자아를 실현하는 교육론을 제시하는 단계에서 머물지 아니하고 스스로 학교를 설립하고 강학에 힘쓰는 등 교육 활동에 진력하였다. 예컨대 57세 되던 해 4월 양명은 사은과 전주에 학교를 세우고, 6월에는 남령에 학교를 세우고 아침저녁으로 각 학교의 교사와 학생들을 모아 놓고 강의를 하였다고 한다. 특히 양명은 47세 되던 해 4개성省 변경의 난을 평정하고 돌아와, 남감에 소속된 각 현의 사람들로 하여금 학사學社를 세우도록 발흥시키고, 이에 사람들을 깨우쳐주기 위해 「훈몽대의시교독유백송등訓蒙大意示教讀劉伯頌等」과 「교약教約」을 반포하였다.

이 글에서 양명은 당시 피교육자인 아동들의 생명 본질을 질곡시키는 획일적이고 강제적인 주입식 교육을 강력히 비판한다. 그리고 아동들이 자신의 생명 본질을 충분히 발휘하는 데 밑바탕이 되는 능동성과 자율성 및 창의성 등을 증진시켜주는 교육 방안을 제시하고 있다. 먼저 당시 교육의 폐단을 지적하고 있는 그의 말을 살펴보면 다음과 같다.

근세의 어린아이를 가르치는 자들은 날마다 구두법句讀法과 고시 형식의 문장을 짓도록 감독하고, 단속하기만을 요구하고 예禮로써 인도할 줄 모르며, 총명하기만을 요구하고 선善으로써 키울 줄 모르며, 채찍으로 때리고 잡아 묶어서 마치 죄수를 대하듯이 한다. 어린아이들은 학교를 감옥처럼 여겨서 기꺼이 들어가려 하지 않고, 선생을 원수처럼 여겨서 보려고 하지 않는다. 엿보고 피하고 가리고 숨어서 놀고 싶은 욕구를 충족시키고, 거짓말하고 궤변을 꾸며서 그 우둔함과 비속함을 제멋대로 이룬다. 경박하고 용렬하여 날이 갈수록 하류로 떨어진다. 이것은 대개 악으로 몰아붙이면서 그들이 착하게 되기를 요구하는 것이니, 어떻게 가능하겠는가?『전습록』(중), 「훈몽대의시교독유백송등」, 195조목.

여기서 양명은 형식적이고 획일적인 교육과 입시 위주의 교육, 그리고 강압적인 교육 방식 모두를 문제 삼으면서 비판하고 있다. 이러한 획일적·수동적·강압적 교육은 어린아이들의 정서를 억압함으로써 어린아이들로 하여금 교육받는 것을 꺼리게 한다. 또한 그들의 선한 본성을 질곡시켜

거짓과 위선과 궤변을 일삼게 하고 종국에는 우둔하고 비속하고 용렬하게 만들어 자신들의 생명 본질을 구현할 수 있는 계기를 상실케 한다는 것이다.

그렇다면 양명이 제시하는 이상적인 아동 교육은 어떠한 것인가? 양명은 어린아이의 자연스런 정서에 부합되는 바람직한 교육 방향을 다음과 같이 제시하고 있다.

대체로 어린아이의 정서는 놀기를 좋아하고 구속받기를 꺼린다. 이것은 마치 초목이 처음 싹을 틔울 때 그것을 펼쳐주면 가지가 사방으로 뻗어가지만, 꺾거나 휘어버리면 쇠하여 시들어버리는 것과 같다. 이제 어린아이를 가르칠 때는 반드시 그들의 취향을 고무시켜서 속마음이 즐겁도록 해주어야 한다. 그러면 스스로 그치지 않고 나아갈 것이다. 비유컨대 때맞춰 비가 내리고 봄바람이 불어 초목을 적시면 싹이 움터 자라지 않을 수 없어서 자연히 나날이 자라나고 다달이 변화될 것이지만, 만약 얼음이 얼고 서리가 내린다면 생의生意가 쇠잔해져서 날마다 말라가는 것과 같다「전습록」(중), 「훈몽대의시교독

유백송등」, 195조목.

어린아이에 대한 교육은 외재적 기준에 맞춘 획일적·강압적 방법이 아닌 그들의 생기발랄한 정서에 따라 그들이 약동하는 '생명력'을 마음껏 펼칠 수 있도록 하는 환경을 조성해줌으로써 그들이 자발적이고 자율적으로 학습에 연마할 수 있는 계기를 설정해 주어야 한다는 것이다. 이에 양명은 『전습록』(하), 「황성증록」, 257조목에서 성인의 학문은 이처럼 구속하고 속박하고 고통스럽게 하는 것이 아니며 도학道學의 모양처럼 꾸미는 것이 아니라고 전제한다. 그리고 성인이 사람을 가르침에 있어 그들을 속박하여 모두 한 가지 형태로 동일하게 만드는 것이 아니라, 그들의 서로 다른 재능과 기질에 따라 그에 부합되는 인간이 될 수 있도록 가르치는 것이라 주장한다. 이러한 주장을 통해, 교육은 피교육자를 구속하고 속박함으로써 획일적인 인간을 만들어내는 교육이 되어서는 안 되며, 반드시 피교육자의 재능과 기질에 따라 그들의 '다양성'을 증진시켜주는 교육이 되어야 한다는 것을 알 수 있다.

양명은 사회 구성원들의 '능동성'과 '자율성' 및 '창의성'을 증진시켜주는 자발적 교육관을 바탕으로 「훈몽대의시

교독유백송등」에서 어린아이들의 본성과 재능을 발전시켜
주는 능동적이고 자율적인 교육 방안을 구체적으로 제시
하고 있다.

이제 아동 교육은 오직 효제충신孝悌忠信과 예의염치禮義廉恥를
가르치는 데 오로지 힘써야 한다. 그들을 기르고 함양하는
방법은 시를 노래하도록 유인하고 그 뜻을 드러내게 하고,
예를 익히도록 인도하여 그 위의威儀를 엄숙하게 하며, 글을
읽도록 인도하여 그 지각을 개발해 주어야 한다. … 그러므
로 시를 노래하도록 인도하는 것은 비단 그들의 뜻을 드러내
게 만들 뿐만 아니라, 또한 그 뛰고 소리치고 휘파람부는 것
을 노래를 통해 발산하고, 그 답답하게 억눌리고 막혀 있는
것을 음절을 통해 펼쳐내게 하는 것이다. 예를 익히도록 인
도하는 것은 비단 그 위의를 엄숙하게 만들 뿐만 아니라, 또
한 응대하고 읍양하여 그 혈맥을 움직이게 하고, 절했다 일
어났다 굽혔다 폈다 하여 그 힘줄과 뼈를 튼튼하게 하는 것
이다. 글을 읽도록 인도하는 것은 비단 그 지각을 개발시킬
뿐만 아니라, 또한 침잠하고 반복하여 그 마음을 보존하고,

울렸다 내렸다 하며 소리를 내어 글을 읽어서 그 뜻을 펴게 하는 것이다. 무릇 이것들은 모두 그 뜻을 순리대로 인도하고, 그 성정을 길들이고, 그 속되고 인색함을 가라앉혀 없애고, 그 거칠고 완고함을 묵묵히 변화시키는 것이다. 그리하여 예의에 점차 나아가되 그 어려움을 고통스럽게 여기지 않게 하고, 중화中和에 들어갔으되 그 까닭을 알지 못하게 하는 것이다『전습록』(중), 「훈몽대의시교독유백송등」, 195조목.

어린아이의 교육은 덕성 계발에 바탕을 두고, 구체적으로는 시를 노래하고, 예를 익히고, 책을 읽는 방법을 통해 의지意志를 계발시키고 태도를 바로잡아주며, 지각을 계발시켜 주어야 한다는 것이다. 이는 본성에 바탕을 둔 '시가歌詩⇒의지意志', '습례習禮⇒위의威儀', '독서讀書⇒지각知覺'의 관계로서, 인간의 정감·태도·정신, 이 삼자 가운데 어느 한쪽에도 치우치지 아니하고 고루 계발시켜주는 유기적 인간 창출의 교육 방안이다. 예컨대 시가 교육을 통해 어린아이의 의지를 계발시켜 주고 정서를 함양할 수 있게 함으로써 어린아이들의 자율성을 증대시켜 준다. 그리고 습례의 교육을 통해 건강한 신체와 정신을 유지할 수 있도록 해준다. 아울러 독서 교육을 통해 어린아이들이 스스로 지각을 깨우치고 마음의 본질을 자각하고 자신의 정서에 바탕을 둔 뜻을 펼쳐나갈 수 있도록 한다. 이렇게 함으로써 어린아이들의 주체성과 능동성을 증진시켜 주어야 한다는 것이다. 이러한 교육을 통해 의지意志를 순조롭게 이끌어 주고 성정性情을 조절해주며, 비루함과 인색함을 제거함은 물론 거칠고 우둔함을 교화시켜서, 스스로 양지를 실현해나가는 유기적인 사회 구성원을 창신 시켜나갈 수 있는 것이다.

양명의 아동교육론의 주안점은 피교육자들의 정서에 부합되도록 교육을 실시하여 그들의 자연한 정서를 함양시키고 덕성을 증진시키며 지각을 계발시켜줌과 동시에 그들의 자발성·자율성·능동성·창의성을 최대한 발휘토록 하여 유기체적 인간 사회 구성원을 창출하는 데 있다고 할 수 있다. 양명은 이러한 아동들의 능동성과 자율성과 창의성을 증진시켜주는 교육 방안을 바탕으로 『전습록』(중), 「교약敎約」, 196조목~200조목에서 ① 자발적 생활 교육, ② 정서함양을 위한 음악 교육, ③ 덕성함양을 위한 예절 교육, ④ 창의성 계발의 교육, ⑤ 자율적 교육 방안 등을 보다 구체적으로 제시하고 있다.

5. 배움과 실천의 합일 교육

양명의 중요한 교육 방안 가운데 하나로 '배움과 실천의 합일學行合– 교육'을 들 수 있다. '배움과 실천의 합일'에 대해서는 이미 앞에서 구체적으로 다룬 바 있다. 이곳에서는 교육론과 관련하여 그 요지만을 파악해 보고자 한다.

지행합일설을 주장함으로써 무엇보다 '실천 행위'를 중요시하는 양명은 『전습록』(중) 「답고동교서」, 136조목에서 『중용』의 박학博學 · 심문審問 · 신사愼思 · 명변明辯 · 독행篤行, 이 다섯 가지를 '배움學의 과정'이자 '실천 행위行의 과정'으로 보고 이에 배움과 실천의 합일, 즉 '학행합일'을 통한 양지 실현을 주장한다.

먼저 배우고學, 묻고問, 생각하고思, 분별하고辨, 실천하는行 일은 모두 배우는 일로서 배우고서 실천하지 않는 자는 없으며, 효도나 활쏘기 등은 몸소 효도를 실천해 보거나 활을

쏴본 이후에 배웠다고 말할 수 있는 것으로서 세상의 모든 배움學이란 실천行해 보지 않고서는 배웠다고 말할 수 없는 것이므로, '배움의 시작이 곧 실천이 된다'고 한다. '배움'은 실천 경험과 무관한 배움이 아니라 현장에서의 직접적인 실천 경험 과정까지 포함하는 배움이다. 배움과 실천 경험은 시간적 선후를 지니는 것이 아니라 동시에 시작되고 동시에 진행되며 동시에 완성되는 합일적 과정이다. '독행篤行'조차도 이론 학습을 통해 먼저 알고 난 이후에 이를 현장에서 독실하게 실천으로 이행하는 별도의 실천 과정이 아니라, 동시적인 배움과 실천의 합일적 과정을 독실하게 이행하는 것을 의미한다. 따라서 '배움과 실천의 합일'은 배움과 실천이 동시에 시작·진행·완성되는 통합적 과정을 의미한다.

학행합일學行合—의 바탕 위에 배움의 과정에서 발생하는 의문에 대해 자세히 묻고審問, 신중하게 생각하며愼思, 명석하게 변별하는明辯 과정 모두 '배움'은 물론 '실천'으로 규정된다. 이는 양명이 말하는 '배움'이 순수한 이론 학습을 의미하는 것이 아니라 실제적인 실천 행위를 포함하는 배움이라는 점에서 기인한다. 배움의 진행 과정에서 의문에 직면하게 되면 자세히 묻기도 하고 신중히 생각하기도 하고 명석하게 변별하기도 하는 사고 과정 또한 실천 과정 중에 진행되는 것이므로, 이 또한 실천의 한 측면으로 볼 수 있다. 따라서 실천 과정에서 진행되는 사고 과정은 실천이 진행되는 과정에서 나타나는 오류를 바로잡거나 실천의 방향성을 계속해서 제시해줌으로써 실천을 보다 명확하고 올바르게 성취토록 해준다. 이러한 측면에서 보았을 때, 배우고 묻고 생각하고 변별하고 실천하는 것은 서로 무관하게 시간적 선후를 지니면서 단계적으로 진행되는 다섯 가지 단계가 아니라 하나의 과정, 즉 실천하는 속에서 배우고, 묻고, 생각하고, 변별하는 동시적인 과정으로서, 동시에 시작되고 동시에 진행되며 동시에 완성되는 합일적 과정이라 말할 수 있다.

이러한 배움과 실천의 합일 교육의 궁극적 목적은 바로 양지를 실현하는 데 있다. 본래 주희는 『중용』의 '학學·문問·사思·변辨·행行' 가운데 학·문·사·변, 이 네 가지는 외재 사물에 내재된 이(物理·事理)를 탐구하는 인식 과정知으로 보고, 독행篤行은 수신修身으로부터 처사접물處事接物에 이르는 실천 과정行으로 보아, 지와 행을 선후의 관계로 나누어 본다. 이러한 주희의 주장에 대해 양명은 실천하지 않고 배울 수 있는 것은 없으며, 실천하지 않고 별도로 궁리窮理할 수 없다고 반론을 제기한다.

궁리와 실천은 상호 선후의 차서를 지니거나 분리되어 있는 것이 아니라 궁리는 실천 과정에서 이루어진다는 것이다. "인仁 또는 의義의 이理를 궁구한다"는 것은 인과 의를 조금도 미진함 없이 극진히 실천하여 인과 의의 궁극적 경지에 도달함으로써 본성을 완전히 실현한 연후에 인 또는 의의 이理를 궁구하였다고 말할 수 있는 것이다. 따라서 실천하지 않는 것을 배움이라 할 수 없으며, 실천하지 않는 것을 궁리라고 할 수 없다는 것이다. 궁리를 사물에 내재된 존재의 법칙所以然之故이나 당위의 도덕규범所當然之則을 인식하는 과정으로 국한시키고 있는 주희와 달리 양명은 궁리조차도 자신에게 내재된 본성을 실제적인 실천을 통해 구현하는 과정으로 보아 학행學行은 물론 궁리까지도 하나의 실천 과정으로 통합하고 있다.

궁리를 실천 과정으로 통합할 수 있는 근거는 바로 마음의 실천 조리에 대한 무한한 창출성에 기인한다. 양명에 있어 '궁리窮理'의 '이理'는 인간이 천지만물과 감응하는 과정에서 마음으로부터 창출되는 실천 조리를 의미한다. 따라서 주희와 같이 마음 밖의 이理를 따로 인식하는 궁리의 과정은 불필요하게 된다. 오히려 마음으로부터 창출된 실천 조리가 개체 욕망의 장애를 받지 않으면서 실제적인 실천 행위를 통해 완전히 실현되도록 하는 주체적이고 자발적인 노력을 필요로 한다. 따라서 궁리의 '궁窮'은 외재적 이理에 대한 인식 과정이 아니라 마음으로부터 창출된 실천 조리를 실현하는 실천 행위로 전환된다. 이러한 마음의 감응력과 창출성 그리고 실천력의 주체가 바로 양지이기 때문에, 배우고 묻고 생각하고 변별하고 실천하는 것은 물론 궁리조차도 양지를 실현하는 구체적 실천 방안이 된다. 따라서 배움은 물론 궁리조차도 실천과 합일을 추구하는 교육 방안의 궁극적 목적 또한 양지 실현을 통해 참된 자아를 실현하는 데 있다고 말할 수 있다.

傳習錄